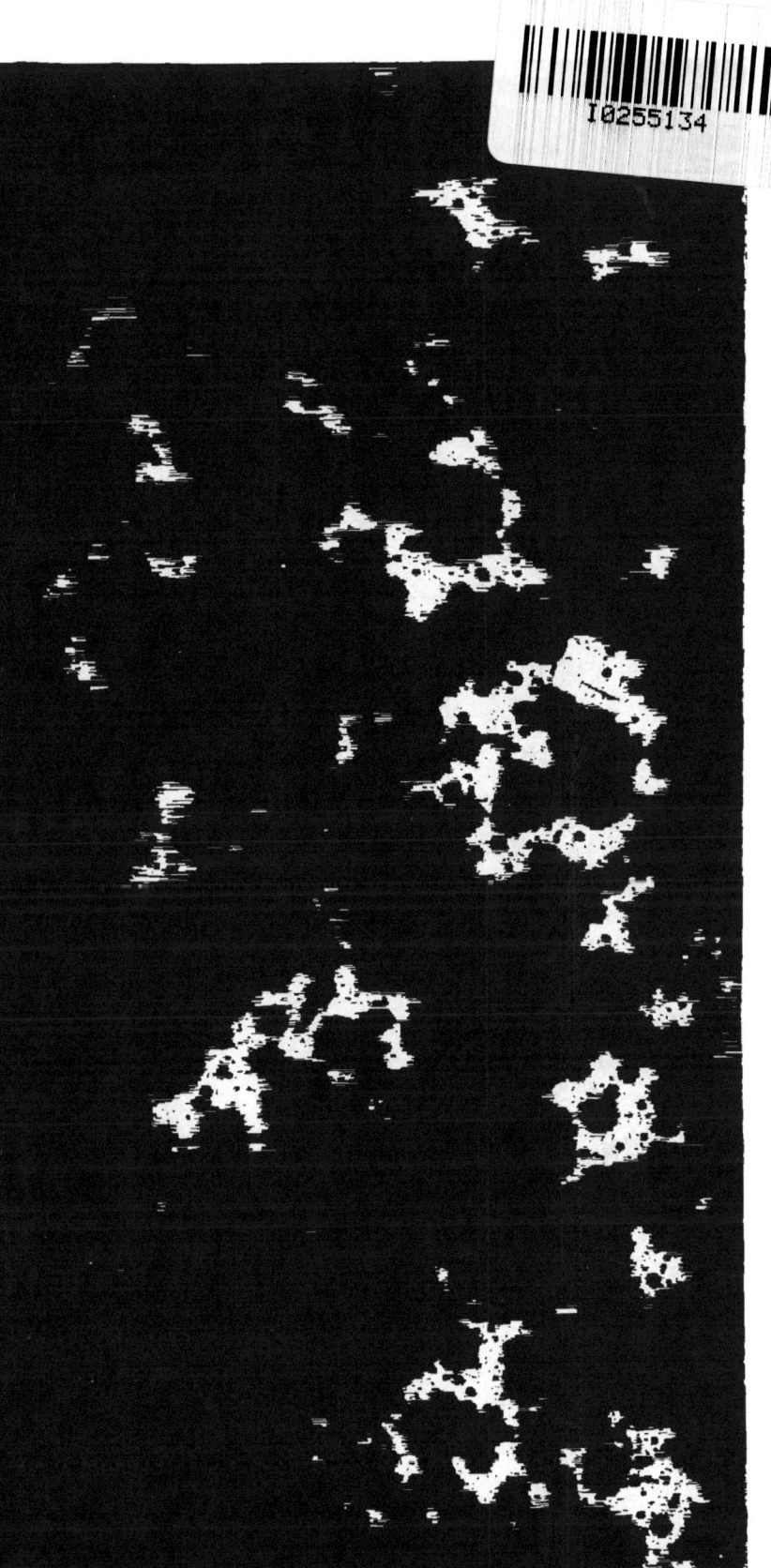

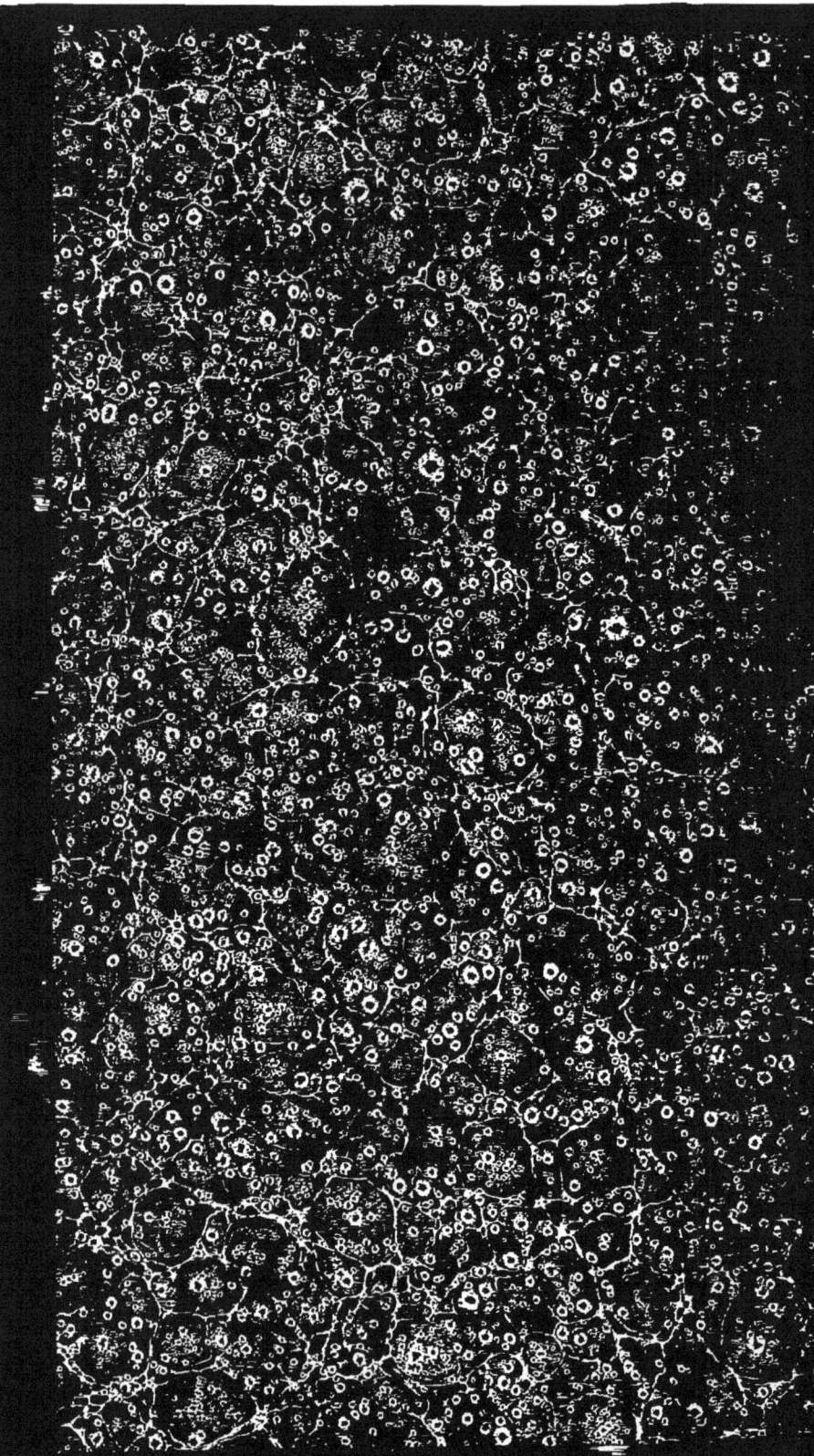

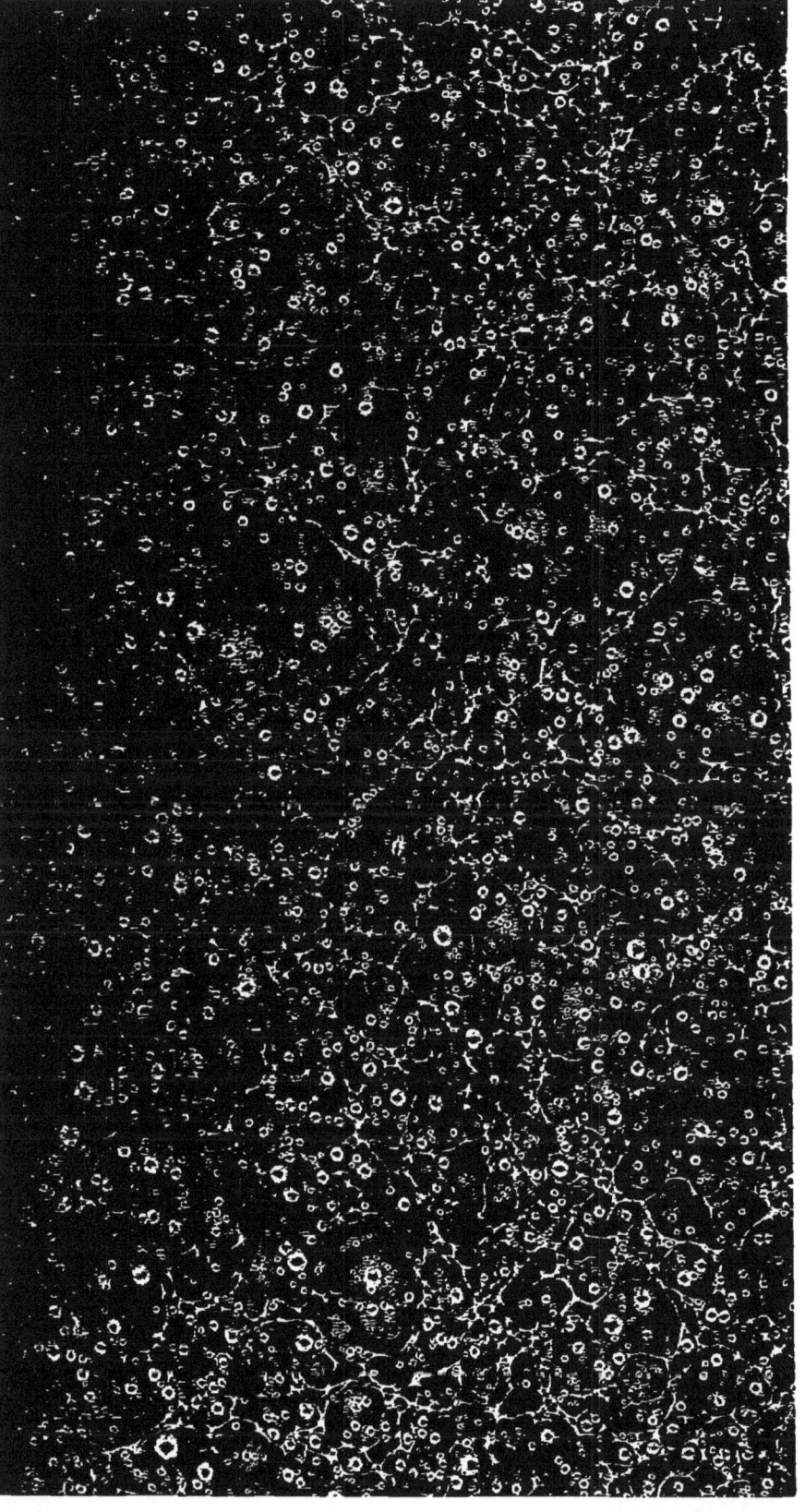

42891

BIBLIOTHÈQUE

D'UNE

MAISON DE CAMPAGNE.

TOME LXXVI.

HUITIÈME LIVRAISON.

LES MILLE ET UNE NUITS.

BIBLIOTHÈQUE

DES

ANCIENS SAVAGES

TOME I.

À BRUXELLES

LES

MILLE ET UNE NUITS,

CONTES ARABES.

IMPRIMERIE DE LEBÈGUE.

LES

MILLE ET UNE NUITS,

CONTES ARABES,

TRADUITS EN FRANÇAIS

Par M. GALLAND,

MEMBRE DE L'ACADÉMIE DES INSCRIPTIONS
ET BELLES-LETTRES, PROFESSEUR DE LANGUE
ARABE AU COLLÉGE ROYAL.

TOME SIXIÉME.

A PARIS,

CHEZ LEBÈGUE, IMPRIMEUR-LIBRAIRE,

RUE DES RATS, N° 14, PRÈS LA PLACE MAUBERT.

1822.

LES
MILLE ET UNE NUITS,
CONTES ARABES.

HISTOIRE

DE NOUREDDIN ET DE LA BELLE PERSIENNE *.

La ville de Balsora fut long-temps la capitale d'un royaume tributaire des califes. Le Roi qui le gouvernait du temps du calife Haroun Alraschid, s'appelait Zineby;

---

* Les lecteurs des premiers volumes de ces Contes ont été fatigués de l'interruption que Dinarzade apportait à leur lecture. On a remédié à ce défaut dans les suivans, où ils ne seront plus arrêtés par les autres interruptions à chaque nuit.

et l'un et l'autre étaient cousins, fils de deux frères. Zineby n'avait pas jugé à propos de confier l'administration de ses Etats à un seul visir; il en avait choisi deux: Khacan et Saouy.

Khacan était doux, prévenant, libéral, et se faisait un plaisir d'obliger ceux qui avaient affaire à lui, en tout ce qui dépendait de son pouvoir, sans porter préjudice à la justice qu'il était obligé de rendre. Il n'y avait aussi personne à la Cour de Balsora, ni dans la ville, ni dans tout le royaume, qui ne le respectât, et ne publiât les louanges qu'il méritait.

Saouy était tout d'un autre caractère: il était toujours chagrin, et il rebutait également tout le monde, sans distinction de rang ou de qualité. Avec cela, bien loin de se faire un mérite des grandes richesses qu'il possédait, il était d'une avarice achevée, jusqu'à se refuser à lui-même les choses nécessaires. Personne ne pouvait le souffrir, et jamais on n'avait entendu dire de lui que du mal. Ce qui le rendait plus haïssable, c'était la grande aversion qu'il avait pour Khacan, et qu'en interprêtant en mal tout le bien que faisait ce digne ministre, il ne cessa de lui rendre de mauvais offices auprès du Roi.

Un jour, après le conseil, le roi de Balsora se délassait l'esprit, et s'entretenait avec ses deux visirs et plusieurs autres membres du conseil. La conversation tomba sur les femmes esclaves que l'on achète, et que l'on tient parmi nous à peu près au même rang que les femmes que l'on a en mariage légitime. Quelques-uns prétendaient qu'il suffisait qu'une esclave que l'on achetait fût belle et bien faite, pour se consoler des femmes que l'on est obligé de prendre par alliance ou par intérêt de famille, qui n'ont pas toujours une grande beauté, ni les autres perfections du corps en partage.

Les autres soutenaient, et Khacan était de ce sentiment, que la beauté et toutes les belles qualités du corps n'étaient pas les seules choses que l'on devait rechercher dans une esclave; mais qu'il fallait qu'elles fussent accompagnées de beaucoup d'esprit, de sagesse, de modestie, d'agrément, et, s'il se pouvait, de plusieurs belles connaissances. La raison qu'ils en apportaient est, disaient-ils, que rien ne convient davantage à des personnes qui ont de grandes affaires à administrer, qu'après avoir passé toute la journée dans une occupation si pénible, de trouver, en se retirant en leur particulier, une compagne dont l'entretien était également utile, agréable et divertissant ; car enfin, ajoutaient-ils, c'est ne pas différer des bêtes, que d'avoir une esclave pour la voir simplement, et contenter une passion que nous avons commune avec elles.

Le Roi se rangea du parti des derniers, et il le fit connaître, en ordonnant à Khacan de lui acheter une esclave qui fût parfaite en beauté, qui eût toutes les belles qualités que l'on venait de dire, et, sur toutes choses, qui fût très-savante.

Saouy, jaloux de l'honneur que le Roi faisait à Khacan, et qui avait été de l'avis contraire : « Sire, reprit-il, il sera bien difficile de trouver une esclave aussi accomplie que Votre Majesté la demande. Si on la trouve, ce que j'ai de la peine à croire, elle l'aura à bon marché, si elle ne lui coûte que dix mille pièces d'or. » « Saouy, repartit le Roi, vous trouvez apparemment que la somme est trop grosse : elle peut l'être pour vous, mais elle ne l'est pas pour moi. » En même temps le Roi ordonna à son grand-trésorier, qui était présent, d'envoyer les dix mille pièces d'or chez Khacan.

Dès que Khacan fut de retour chez lui, il fit appeler tous les courtiers qui se mêlaient de la vente des femmes et des filles esclaves, et les chargea, dès qu'ils auraient trouvé une esclave telle qu'il la leur dépeignit, de venir lui en donner avis. Les courtiers, autant pour obliger le visir Khacan, que pour leur intérêt particulier, lui promirent de mettre tous leurs soins à en découvrir une selon qu'il la souhaitait. Il ne se passait guère de jour qu'on ne lui en amenât quelqu'une ; mais il y trouvait toujours quelques défauts.

Un jour, de grand matin, que Khacan allait au palais du Roi, un courtier se présenta à l'étrier de son cheval avec grand empressement, et lui annonça qu'un marchand de Perse, arrivé le jour de devant fort tard, avait une esclave à vendre d'une beauté achevée, au-dessus de toutes celles qu'il pouvait avoir vues. « A l'égard de son esprit et de ses connaissances, ajouta-t-il, le marchand la garantit pour tenir tête à tout ce qu'il y a de beaux esprits et de savans au monde. »

Khacan, joyeux de cette nouvelle, qui lui faisait espérer d'avoir lieu de bien faire sa cour, lui dit de lui amener l'esclave à son retour du palais, et continua son chemin.

Le courtier ne manqua pas de se trouver chez le visir à l'heure marquée; et Khacan trouva l'esclave belle, si fort au-delà de son attente, qu'il lui donna dès lors le nom de belle Persienne. Comme il avait infiniment d'esprit, et qu'il était très-savant, il eut bientôt connu, par l'entretien qu'il eut avec elle, qu'il chercherait inutilement une autre esclave qui la surpassât en aucune des qualités que le Roi demandait. Il demanda au courtier à quel prix le marchand de Perse l'avait mise.

« Seigneur, répondit le courtier, c'est un homme qui n'a qu'une parole : il proteste qu'il ne peut la donner, au dernier mot, à moins de dix mille pièces d'or. Il m'a même juré que sans compter ses soins, ses peines, et le temps qu'il y a qu'il l'élève, il a fait à peu près la même dépense pour elle, tant en maîtres pour les exercices du corps, et pour l'instruire et lui former l'esprit, qu'en habits et en nourriture. Comme il la jugea digne d'un Roi, dès qu'il l'eut achetée dans sa première enfance, il n'a rien épargné de tout ce qui pouvait contribuer à la faire arriver à ce haut rang. Elle joue de toutes sortes d'instrumens : elle chante, elle danse ; elle écrit mieux que les écrivains les plus habiles ; elle fait des vers ; il n'y a pas de livres enfin qu'elle n'ait lus. On n'a pas entendu dire que jamais esclave ait su autant de choses qu'elle en sait. »

Le visir Khacan, qui connaissait le mérite de la belle Persienne beaucoup mieux que le courtier, qui n'en parlait que sur ce que le marchand lui en avait appris, n'en voulut pas remettre le marché à un autre temps. Il envoya chercher le marchand par un de ses gens, où le courtier enseigna qu'on le trouverait.

Quand le marchand de Perse fut arrivé : « Ce n'est pas pour moi que je veux acheter votre esclave, lui dit le visir Khacan, c'est pour le Roi ; mais il faut que vous la lui vendiez à un meilleur prix que celui que vous y avez mis. »

« Seigneur, répondit le marchand, je me ferais un grand honneur d'en faire présent à Sa Majesté, s'il appartenait à un marchand comme moi d'en faire de cette conséquence. Je ne demande proprement que l'argent que j'ai déboursé pour la former et la rendre comme elle est. Ce que je puis dire, c'est que Sa Majesté aura fait une acquisition dont elle sera très-contente. »

Le visir Khacan ne voulut pas marchander ; il fit compter la somme au marchand ; et le marchand, avant de se retirer : « Seigneur, dit-il au visir, puisque l'esclave est destinée pour le Roi, vous voudrez bien que j'aie l'honneur de vous dire qu'elle est extrêmement fatiguée du long voyage que je lui ai fait faire pour l'amener ici. Quoique ce soit une beauté qui n'a point de pareilles, ce sera néanmoins tout autre chose, si vous la gardez chez vous seulement une quinzaine de jours, et que vous donniez un peu de vos soins pour la faire bien traiter. Ce temps-là passé, lorsque vous la présenterez au Roi, elle vous fera un honneur et un mérite dont j'espère que vous me saurez quelque gré. Vous voyez même que le soleil lui a un peu gâté le teint ; mais dès qu'elle aura été au bain deux ou trois fois, et que vous l'aurez fait habiller de la manière que vous le jugerez à propos, elle sera si fort changée, que vous la trouverez infiniment plus belle. »

Khacan prit le conseil du marchand en bonne part, et résolut de le suivre. Il donna à la belle Persienne un appartement en particulier, près de celui de sa femme, qu'il pria de la faire manger avec elle, et de la regarder comme une dame qui appartenait au Roi. Il la pria aussi de lui faire faire plusieurs habits les plus magnifiques qu'il serait possible, et qui lui conviendraient le mieux. Avant de quitter la belle Persienne : « Votre bonheur, lui dit-il, ne peut être plus grand que celui que je viens de vous procurer. Jugez-en vous-même : c'est pour le Roi que je vous ai achetée, et j'espère qu'il sera beaucoup plus satisfait de vous posséder, que je ne le suis de m'être acquitté de la commission dont il m'avait chargé. Ainsi, je suis bien aise de vous avertir que j'ai un fils qui ne manque pas d'esprit, mais jeune, folâtre et entreprenant, et de vous bien garder de lui, lorsqu'il s'approchera de vous. » La belle Persienne le remercia de cet avis; et après qu'elle l'eut bien assuré qu'elle en profiterait, il se retira.

Noureddin, c'est ainsi que se nommait le fils du visir Khacan, entrait librement dans l'appartement de sa mère, avec qui il avait coutume de prendre ses repas. Il était très-bien fait de sa personne, jeune, agréable et hardi; et comme il avait infiniment d'esprit, et qu'il s'exprimait avec facilité, il avait un don particulier de persuader tout ce qu'il voulait. Il vit la belle Persienne; et dès leur première entrevue, quoiqu'il eût appris que son père l'avait achetée pour le Roi, et que son père le lui eût déclaré lui-même, il ne se fit pas néanmoins violence pour s'empêcher de l'aimer. Il se laissa entraîner par les charmes dont il fut frappé d'abord ; et l'entretien qu'il eut avec elle, lui fit prendre la résolution d'employer toutes sortes de moyens pour l'enlever au Roi.

De son côté, la belle Persienne trouva Noureddin très-aimable. « Le visir me fait un grand honneur, dit-elle en elle-même, de m'avoir achetée pour me donner au roi de Balsora ; je m'estimerais très-heureuse, quand il se contenterait de ne me donner qu'à son fils. »

Noureddin fut très-assidu à profiter de l'avantage qu'il avait de voir une beauté dont il était si amoureux, de s'entretenir, de rire et de badiner avec elle. Jamais il ne la quittait que sa mère ne l'y eût contraint. « Mon fils, lui disait-elle, il n'est pas bienséant à un jeune homme comme vous de demeurer toujours dans l'appartement des femmes. Allez, retirez-vous, et travaillez à vous rendre digne de succéder un jour à la dignité de votre père. »

Comme il y avait long-temps que la belle Persienne n'était allée au bain, à cause du long voyage qu'elle venait de faire, cinq ou six jours après qu'elle eut été achetée, la femme du visir Khacan eut soin de faire chauffer exprès pour elle celui que le visir avait chez lui. Elle l'y envoya avec plusieurs de ses femmes esclaves, à qui elle recommanda de lui rendre les mêmes services qu'à elle-même; et au sortir du bain, de lui faire prendre un habit très-magnifique qu'elle lui avait déjà fait faire. Elle y avait pris d'autant plus de soin, qu'elle voulait s'en faire un mérite auprès du visir son mari, et lui faire connaître combien elle s'intéressait en tout ce qui pouvait lui plaire.

A la sortie du bain, la belle Persienne, mille fois plus belle qu'elle ne l'avait paru à Khacan lorsqu'il l'avait achetée, vint se faire voir à la femme de ce visir, qui eut de la peine à la reconnaître.

La belle Persienne lui baisa la main avec grâce, et lui dit : « Madame, je ne sais pas comment vous me trouvez avec l'habit que vous avez pris la peine de me faire faire. Vos femmes, qui m'assurent qu'il me fait si bien, qu'elles ne me connaissent plus, sont apparemment des flatteuses : c'est à vous que je m'en rapporte. Si néanmoins elles disaient la vérité, ce serait vous, Madame, à qui j'aurais toute l'obligation de l'avantage qu'il me donne. »

« Ma fille, reprit la femme du visir avec bien de la joie, vous ne devez pas prendre pour une flatterie ce que mes femmes vous ont dit : je m'y connais mieux qu'elles, et sans parler de votre habit, qui vous sied à merveille, vous apportez du bain une beauté si fort au-dessus de ce que vous étiez auparavant, que je ne vous reconnais plus moi-même. Si je croyais que le bain fût encore assez bon, j'irais en prendre ma part : je suis aussi bien dans un âge qui demande désormais que j'en fasse souvent provision. » « Madame, reprit la belle Persienne, je n'ai rien à répondre aux honnêtetés que vous avez pour moi, sans les avoir méritées. Pour ce qui est du bain, il est admirable, et si vous avez dessein d'y aller, vous n'avez pas de temps à perdre. Vos femmes peuvent vous dire la même chose que moi. »

La femme du visir considéra qu'il y avait plusieurs jours qu'elle n'était allée au bain, et voulut profiter de l'occasion. Elle le témoigna à ses femmes, et ses femmes se furent bientôt munies de tout l'appareil qui lui était nécessaire. La belle Persienne se retira à son appartement; et la femme du visir, avant de passer au bain, chargea deux petites esclaves de demeurer près d'elle, avec ordre de ne pas laisser entrer Noureddin, s'il venait.

Pendant que la femme du visir Khacan était au bain, et que la belle Persienne était seule, Noureddin arriva; et comme il ne trouva pas sa mère dans son appartement, il alla à celui de la belle Persienne, où il trouva les deux petites esclaves dans l'antichambre. Il leur demanda où était sa mère; à quoi elles répondirent qu'elle était au bain. « Et la belle Persienne, reprit Noureddin, y est-elle aussi ? » « Elle en est revenue, repartirent les esclaves, et elle est dans sa chambre; mais nous avons ordre de madame votre mère de ne vous pas laisser entrer. »

La chambre de la belle Persienne n'était fermée que par une portière. Noureddin s'avança pour entrer, et les deux esclaves se mirent au-devant pour l'en empêcher. Il les prit par le bras l'une et l'autre, les mit hors de l'antichambre; et ferma la porte sur elles. Elles coururent au bain en faisant de grands cris, et annoncèrent à leur dame, en pleurant, que Noureddin était entré dans la chambre de la belle Persienne malgré elles, et qu'il les avait chassées.

La nouvelle d'une si grande hardiesse causa à la bonne dame une mortification des plus sensibles. Elle interrompit son bain, et s'habilla avec une diligence extrême. Mais avant qu'elle eût achevé, et qu'elle arrivât à la chambre de la belle Persienne, Noureddin en était sorti, et il avait pris la fuite.

La belle Persienne fut extrêmement étonnée de voir entrer la femme du visir, tout en pleurs, et comme une femme qui ne se possédait plus. « Madame, lui dit-elle, oserais-je vous demander d'où vient que vous êtes si affligée ? Quelle disgrâce vous est arrivée au bain, pour vous avoir obligée d'en sortir sitôt ? »

« Quoi ! s'écria la femme du visir, vous me faites cette demande d'un esprit tranquille, après que mon fils Noureddin est entré dans votre chambre, et qu'il est demeuré seul avec vous ! Pouvait-il nous arriver un plus grand malheur à lui et à moi ? »

« De grâce, Madame, repartit la belle Persienne, quel malheur peut-il y avoir pour vous et pour Noureddin dans ce que Noureddin a fait ? » « Comment ! répliqua la femme du visir, mon mari ne vous a-t-il pas dit qu'il vous a achetée pour le Roi ? Et ne vous avait-il pas avertie de prendre garde que Noureddin n'approchât de vous ? »

« Je ne l'ai pas oublié, Madame, reprit encore la belle Persienne; mais Noureddin m'est venu dire que le visir son père avait changé de sentiment, et qu'au lieu de me réserver pour le Roi, comme il en avait eu l'intention, il lui avait fait présent de ma personne. Je l'ai cru, Madame, et esclave comme je suis, accoutumée aux lois de l'esclavage dès ma plus tendre jeunesse, vous jugez bien que je n'ai pu et que je n'ai pas dû m'opposer à sa volonté. J'ajouterai même que je l'ai fait avec d'autant moins de répugnance, que j'avais conçu une forte inclination pour lui, par la liberté que nous avons eue de nous voir. Je perds sans regret l'espérance d'appartenir au Roi, et je m'estimerai très-heureuse de passer toute ma vie avec Noureddin. »

A ce discours de la belle Persienne : « Plût à Dieu, dit la femme du visir, que ce que vous me dites fût vrai ! j'en aurais bien de la joie. Mais croyez-moi : Noureddin est un imposteur ; il vous a trompée, et il n'est pas possible que son père lui ait fait le présent qu'il vous a dit. Qu'il est malheureux, et que je suis malheureuse ! Et que son père l'est davantage, par les suites fâcheuses qu'il doit craindre, et que nous devons craindre avec lui ! Mes pleurs ni mes prières ne sont pas capables de le fléchir, ni d'obtenir son pardon. Son père va le sacrifier à son juste ressentiment, dès qu'il sera informé de la violence qu'il vous a faite. » En achevant ces paroles, elle pleura amèrement; et ses esclaves, qui ne craignaient pas moins qu'elle pour la vie de Noureddin, suivirent son exemple.

Le visir Khacan arriva quelques momens après; et fut dans un grand étonnement de voir sa femme et les esclaves en pleurs, et la belle Persienne fort triste. Il en demanda la cause; et sa femme et les esclaves augmentèrent leurs cris et leurs larmes, au lieu de lui répondre. Leur silence l'étonna davantage; et en s'adressant à sa femme: « Je veux absolument, lui dit-il, que vous me déclariez ce que vous avez à pleurer, et que vous me disiez la vérité. »

La dame, désolée, ne put se dispenser de satisfaire son mari: « Promettez-moi donc, Seigneur, reprit-elle, que vous ne me voudrez point de mal de ce que je vous dirai: je vous assure d'abord qu'il n'y a pas de ma faute. « Sans attendre sa réponse : « Pendant que j'étais au bain avec mes femmes, poursuivit-elle, votre fils est venu, et a pris ce malheureux temps pour faire accroire à la belle Persienne que vous ne vouliez plus la donner au Roi, et que vous lui en aviez fait un présent. Je ne vous dis pas ce qu'il a fait après une fausseté si insigne, je vous le laisse à juger vous-même. Voilà le sujet de mon affliction pour l'amour de vous et pour l'amour de lui, pour qui je n'ai pas la confiance d'implorer votre clémence. »

Il n'est pas possible d'exprimer quelle fut la mortification du visir Khacan quand il eut entendu le récit de l'insolence de son fils Noureddin. « Ah! s'écria-t-il en se frappant cruellement, en se mordant les mains et en s'arrachant la barbe, c'est donc ainsi, malheureux fils, fils indigne de voir le jour, que tu jettes ton père dans le précipice, du plus haut degré de son bonheur; que tu le perds, et que tu te perds toi-même avec lui! Le Roi ne se contentera pas de ton sang ni du mien pour se venger de cette offense, qui attaque sa personne même. »

Sa femme voulut tâcher de le consoler.
« Ne vous affligez pas, lui dit-elle ; je ferai aisément dix mille pièces d'or d'une partie de mes pierreries : vous en achèterez une autre esclave qui sera plus belle et plus digne du Roi. »

« Eh ! croyez-vous, reprit le visir, que je sois capable de me tant affliger pour la perte de dix mille pièces d'or ? Il ne s'agit pas ici de cette perte, ni même de la perte de tous mes biens, dont je serais aussi peu touché. Il s'agit de celle de mon honneur, qui m'est plus précieux que tous les biens du monde. » « Il me semble néanmoins, Seigneur, repartit la dame, que ce qui se peut réparer par de l'argent, n'est pas d'une si grande conséquence. »

« Hé quoi ! répliqua le visir, ne savez-vous pas que Saouy est mon ennemi capital ? Croyez-vous que dès qu'il aura appris cette affaire, il n'aille pas triompher de moi près du Roi. « Votre Majesté,
« lui dira-t-il, ne parle que de l'affection
« et du zèle de Khacan pour son sevice ;
« il vient de faire voir cependant combien
« il est peu digne d'une si grande consi-

« dération. Il a reçu dix mille pièces d'or
« pour lui acheter une esclave. Il s'est vé-
« ritablement acquitté d'une commission
« si honorable; et jamais personne n'a
« vu une si belle esclave; mais au lieu
« de l'amener à Votre Majesté, il a jugé
« plus à propos d'en faire un présent à
« son fils : Mon fils, lui a-t-il dit, prenez
« cette esclave, c'est pour vous; vous la
« méritez mieux que le Roi. Son fils, con-
« tinuera-t-il avec sa malice ordinaire,
« l'a prise, et il se divertit tous les jours
« avec elle. La chose est comme j'ai
« l'honneur de l'assurer à Votre Majesté;
« et Votre Majesté peut s'en éclaircir par
« elle-même. » Ne voyez-vous pas, ajouta
le visir, que, sur un tel discours, les gens
du Roi peuvent venir forcer ma maison à
tout moment, et enlever l'esclave? J'y
ajoute tous les autres malheurs inévitables
qui suivront. »

Seigneur, répondit la dame à ce discours
du visir son mari, j'avoue que la méchanceté de Saouy est des plus grandes, et
qu'il est capable de donner à la chose le
tour malin que vous venez de dire, s'il en

avait la moindre connaissance. Mais peut-il savoir, ni lui, ni personne, ce qui se passe dans l'intérieur de votre maison ? Quand on le soupçonnerait, et que le Roi vous en parlerait, ne pourrez-vous pas dire qu'après avoir bien examiné l'esclave, vous ne l'avez pas trouvée aussi digne de sa Majesté qu'elle vous l'avait paru d'abord ; que le marchand vous a trompé ; quelle est à la vérité d'une beauté incomparable, mais qu'il s'en faut beaucoup qu'elle ait autant d'esprit, et qu'elle soit aussi habile qu'on vous l'avait vantée. Le Roi vous en croira sur votre parole ; et Saouy aura la confusion d'avoir aussi peu réussi dans son pernicieux dessein, que tant d'autres fois qu'il a entrepris inutilement de vous détruire. Rassurez-vous donc ; et si vous voulez me croire, envoyez chercher les courtiers ; marquez-leur que vous n'êtes pas content de la belle Persienne, et chargez-les de vous chercher une autre esclave.

Comme ce conseil parut très-raisonnable au visir Khaçan, il calma un peu ses esprits, et il prit le parti de le suivre ; mais il ne diminua rien de sa colère contre son fils Noureddin.

Noureddin ne parut point de toute la journée; il n'osa même chercher un asile chez aucun des jeunes gens de son âge qu'il fréquentait ordinairement, de crainte que son père ne l'y fît chercher. Il alla hors de la ville, et il se réfugia dans un jardin où il n'était jamais allé, et où il n'était pas connu. Il ne revint que fort tard, lorsqu'il savait bien que son père était retiré, et se fit ouvrir par les femmes de sa mère, qui l'introduisirent sans bruit. Il sortit le lendemain avant que son père fût levé; et il fut contraint de prendre les mêmes précautions un mois entier, avec une mortification très-sensible. En effet, les femmes ne le flattaient pas; elles lui déclaraient franchement que le visir son père persistait dans la même colère, et protestait qu'il le tuerait s'il se présentait devant lui.

La femme de ce ministre savait par ses femmes que Noureddin revenait chaque jour; mais elle n'osait prendre la hardiesse de prier son mari de lui pardonner. Elle la prit enfin : « Seigneur, lui dit-elle un jour, je n'ai osé jusqu'à présent prendre la liberté de vous parler de votre fils. Je vous supplie de me permettre de vous demander ce que vous prétendez faire de lui. Un fils ne peut être plus criminel envers un père, que Noureddin l'est envers vous. Il vous a privé d'un grand honneur et de la satisfaction de présenter au Roi une esclave aussi accomplie que la belle Persienne, je l'avoue; mais après tout, quelle est votre intention ? Voulez-vous le perdre absolument ? Au lieu du mal, auquel il ne faut plus que vous songiez, vous vous en attireriez un autre beaucoup plus grand, à quoi vous ne pensez peut-être pas. Ne craignez-vous pas que le monde, qui est malin, en cherchant pourquoi votre fils est éloigné de vous, n'en devine la véritable cause, que vous voulez tenir si cachée ? Si cela arrivait, vous seriez tombé justement dans le malheur que vous avez un si grand intérêt d'éviter.

« Madame, reprit le visir, ce que vous dites-là est de bon sens; mais je ne puis me résoudre à pardonner à Noureddin, que je ne l'aie mortifié comme il le mérite. »

« Il sera suffisamment mortifié, repartit la dame, quand vous aurez fait ce qui me vient en pensée. Votre fils entre ici chaque nuit, lorsque vous êtes retiré ; il y couche, et il en sort avant que vous soyez levé. Attendez-le ce soir jusqu'à son arrivée, et faites semblant de le vouloir tuer : je viendrai à son secours ; et en lui marquant que vous lui donnez la vie à ma prière, vous l'obligerez de prendre la belle Persienne à telle condition qu'il vous plaira. Il l'aime, et je sais que la belle Persienne ne le haït pas. »

Khacan voulut bien suivre ce conseil : ainsi, avant qu'on ouvrît à Noureddin, lorsqu'il arriva à son heure ordinaire, il se mit derrière la porte, et dès qu'on lui eut ouvert, il se jeta sur lui et le mit sous ses pieds. Noureddin tourna la tête, et reconnut son père le poignard à la main, prêt à lui ôter la vie.

La mère de Noureddin survint en ce moment, et en retenant le visir par le bras : « Qu'allez-vous faire, Seigneur ? s'écria-t-elle. » « Laissez-moi, reprit le visir, que je le tue ce fils indigne ! » « Ah ! Seigneur, reprit la mère, tuez-moi plutôt moi-même : je ne permettrai jamais que vous ensanglantiez vos mains dans votre propre sang ! » Noureddin profita de ce moment : « Mon père, s'écria-t-il les larmes aux yeux, j'implore votre clémence et votre miséricorde ; accordez-moi le pardon que je vous demande au nom de celui de qui vous l'attendez au jour que nous paraîtrons tous devant lui. »

Khacan se laissa arracher le poignard de la main ; et dès qu'il l'eut lâché, Noureddin se jeta à ses pieds, et les lui baisa, pour marquer combien il se repentait de l'avoir offensé. « Noureddin, lui dit-il, remerciez votre mère ; je vous pardonne à sa considération. Je veux bien même vous donner la belle Persienne ; mais à condition que vous me promettrez par serment de ne la pas regarder comme esclave, mais comme votre femme, c'est-à-dire, que vous ne la vendrez, et même que vous ne la répudierez jamais. Comme elle est sage et qu'elle a de l'esprit et de la conduite infiniment plus que vous, je suis persuadé qu'elle modérera ces emportemens de jeunesse qui sont capables de vous perdre. »

Noureddin n'eût osé espérer d'être traité avec une si grande indulgence. Il remercia d'abord son père avec toute la reconnaissance imaginable, et lui fit de très-bon cœur le serment qu'il souhaitait. Ils furent très-contens l'un et l'autre, la belle Persienne et lui, et le visir fut très-satisfait de leur bonne union.

Le visir Khacan n'attendit pas que le Roi lui parlât de la commission qu'il lui avait donnée; il avait grand soin de l'en entretenir souvent, et de lui marquer les difficultés qu'il trouvait à s'en acquitter à la satisfaction de Sa Majesté; il sut enfin le ménager avec tant d'adresse, qu'insensiblement il n'y songea plus. Saouy néanmoins avait su quelque chose de ce qui s'était passé; mais Khacan était si avant dans la faveur du Roi, qu'il n'osa hasarder d'en parler.

Il y avait plus d'un an que cette affaire si délicate s'était passée plus heureusement que ce ministre ne l'avait cru d'abord, lorsqu'il alla au bain, et qu'une affaire pressante l'obligea d'en sortir encore tout échauffé ; l'air, qui était un peu froid, le frappa, et lui causa une fluxion sur la poitrine, qui le contraignit de se mettre au lit avec une grosse fièvre. La maladie augmenta ; et comme il s'aperçut qu'il n'était pas loin du dernier moment de sa vie, il tint ce discours à Noureddin, qui ne l'abandonnait pas : « Mon fils, lui dit-il, je ne sais si j'ai fait le bon usage que je devais des grandes richesses que Dieu m'a données ; vous voyez qu'elle ne me servent de rien pour me délivrer de la mort. La seule chose que je vous demande en mourant, c'est que vous vous souveniez de la promesse que vous m'avez faite touchant la belle Persienne. Je meurs content avec la confiance que vous ne l'oublierez pas. »

Ces paroles furent les dernières que le visir Khacan prononça. Il expira peu de momens après, et il laissa un deuil inexprimable dans la maison, à la cour et dans la ville. Le Roi le regretta comme un ministre sage, zélé et fidèle ; et toute la ville le pleura comme son protecteur et son bienfaiteur. Jamais on n'avait vu de funérailles plus honorables à Balsora. Les visirs, les émirs, et généralement tous les grands de la Cour, s'empressèrent de porter son cercueil sur les épaules, les uns après les autres, jusqu'au lieu de sa sépulture; et les plus riches jusqu'aux plus pauvres de la ville l'y accompagnèrent en pleurs.

Noureddin donna toutes les marques de la grande affliction que la perte qu'il venait de faire devait lui causer; il demeura long-temps sans voir personne. Un jour enfin il permit qu'on laissât entrer un de ses amis intimes. Cet ami tâcha de le consoler; et comme il le vit disposé à l'écouter, il lui dit qu'après avoir rendu à la mémoire de son père tout ce qu'il lui devait, et satisfait pleinement à tout ce que demandait la bienséance, il était temps qu'il parût dans le monde, qu'il vît ses amis, et qu'il soutînt le rang que sa naissance et son mérite lui avaient acquis. « Nous pécherions, ajouta-t-il, contre les lois de la nature, et même contre les lois civiles, si, lorsque nos pères sont morts, nous ne leur rendions pas les devoirs que la tendresse exige de nous, et l'on nous regarderait comme des insensibles. Mais dès que nous nous en sommes acquittés, et qu'on ne peut nous en faire aucun reproche, nous sommes obligés de reprendre le même train qu'auparavant, et de vivre dans le monde de la manière qu'on y vit. Essuyez donc vos larmes, et reprenez cet air de gaîté qui a toujours inspiré la joie partout où vous vous êtes trouvé. »

Le conseil de cet ami était très-raisonnable; et Noureddin eût évité tous les malheurs qui lui arrivèrent, s'il l'eût suivi dans toute la régularité qu'il demandait. Il se laissa persuader sans peine; il régala même son ami; et lorsqu'il voulut se retirer, il le pria de revenir le lendemain, et d'amener trois ou quatre de leurs amis communs. Insensiblement il forma une société de dix personnes à peu près de son âge, et il passait le temps avec eux en des festins et des réjouissances continuelles. Il n'y avait pas même de jour qu'il ne les renvoyât chacun avec un présent.

Quelquefois, pour faire plus de plaisir à ses amis, Noureddin faisait venir la belle Persienne : elle avait la complaisance de lui obéir; mais elle n'approuvait pas cette profusion excessive. Elle lui en disait son sentiment en liberté. « Je ne doute pas, lui disait-elle, que le visir votre père ne vous ait laissé de grandes richesses; mais si grandes qu'elles puissent être, ne trouvez pas mauvais qu'une esclave vous représente que vous en verrez bientôt la fin, si vous continuez de mener cette vie. On peut quelquefois régaler ses amis et se divertir avec eux ; mais qu'on en fasse une coutume journalière, c'est courir le grand chemin de la dernière misère. Pour votre honneur et pour votre réputation, vous feriez beaucoup mieux de suivre les traces de feu votre père, et de vous mettre en état de parvenir aux charges qui lui ont acquis tant de gloire. »

Noureddin écoutait la belle Persienne en riant; et quand elle avait achevé : « Ma belle, reprenait-il en continuant de rire, laissons là ce discours, ne parlons que de nous réjouir. Feu mon père m'a toujours tenu dans une grande contrainte : je suis bien aise de jouir de la liberté après laquelle j'ai tant soupiré avant sa mort. J'aurai toujours le temps de me réduire à la vie réglée dont vous me parlez ; un homme de mon âge doit se donner le loisir de goûter les plaisirs de la jeunesse. »

Ce qui contribua encore beaucoup à mettre les affaires de Noureddin en désordre, fut qu'il ne voulait pas entendre parler de compter avec son maître-d'hôtel. Il le renvoyait chaque fois qu'il se présentait avec son livre : « Va, va, lui disait-il, je me fie bien à toi ; aye soin seulement que je fasse toujours bonne chère. »

« Vous êtes le maître, Seigneur, reprenait le maître-d'hôtel. Vous voudrez bien néanmoins que je vous fasse souvenir du proverbe qui dit que qui fait grande dépense et ne compte pas, se trouve à la fin réduit à la mendicité sans s'en être aperçu. Vous ne vous contentez pas de la dépense si prodigieuse de votre table, vous donnez encore à toute main. Vos trésors ne peuvent y suffire, quand ils seraient aussi gros que des montagnes. » « Va, te dis-je, lui répétait Noureddin; je n'ai pas besoin de tes leçons : continue de me faire manger, et ne te mets pas en peine du reste. »

Les amis de Noureddin cependant étaient fort assidus à sa table, et ne manquaient pas l'occasion de profiter de sa facilité. Ils le flattaient, ils le louaient, et faisaient valoir jusqu'à la moindre de ses actions les plus indifférentes ; surtout ils n'oubliaient pas d'exalter tout ce qui lui appartenait, et ils y trouvaient leur compte. « Seigneur, lui disait l'un, je passai l'autre jour par la terre que vous avez en tel endroit; rien n'est plus magnifique ni mieux meublé que la maison ; c'est un paradis de délices que le jardin qui l'accompagne. » « Je suis ravi qu'elle vous plaise, reprenait Noureddin : qu'on m'apporte une plume, de l'encre et du papier, et que je n'en entende plus parler, c'est pour vous, je vous la donne. » D'autres ne lui avaient pas plutôt vanté quelqu'une des maisons, des bains et des lieux publics à loger des étrangers, qui lui appartenaient, et lui rapportaient un gros revenu, qu'il leur en faisait une donation. La belle Persienne lui représentait le tort qu'il se faisait; au lieu de l'écouter, il continuait de prodiguer ce qui lui restait à la première occasion.

Noureddin enfin ne fit autre chose toute une année que de faire bonne chère, se donner du bon temps, et se divertir en prodiguant et dissipant les grands biens que ses prédécesseurs et le bon visir son père avaient acquis ou conservés avec beaucoup de soins et de peines. L'année ne faisait que de s'écouler, que l'on frappa un jour à la porte de la salle où il était à table. Il avait renvoyé ses esclaves, et il s'y était renfermé avec ses amis pour être en grande liberté.

Un des amis de Noureddin voulut se lever; mais Noureddin le devança, et alla ouvrir lui-même (c'était son maître-d'hôtel); et Noureddin, pour écouter ce qu'il voulait, s'avança un peu hors de la salle et ferma la porte à demi.

L'ami qui avait voulu se lever, et qui avait aperçu le maître-d'hôtel, curieux de savoir ce qu'il avait à dire à Noureddin, fut se poster entre la portière et la porte, et entendit que le maître-d'hôtel tint ce discours : « Seigneur, dit-il à son maître, je vous demande mille pardons si je viens vous interrompre au milieu de vos plaisirs. Ce que j'ai à vous communiquer, vous est, ce me semble, de si grande importance, que je n'ai pas cru devoir me dispenser de prendre cette liberté. Je viens d'achever mes derniers comptes; et je trouve que ce que j'avais prévu il y a long-temps, et dont je vous avais averti plusieurs fois, est arrivé; c'est-à-dire, Seigneur, que je n'ai plus une maille de toutes les sommes que m'avez vous données pour faire votre dépense. Les autres fonds que vous m'aviez assignés sont aussi épuisés; et vos fermiers et ceux qui vous devaient des rentes, m'ont fait voir si clairement que vous avez transporté à d'autres ce qu'ils tenaient de vous, que je ne puis plus rien exiger d'eux sous votre nom. Voici mes comptes, examinez-les; et si vous souhaitez que je continue de vous rendre mes services, assignez-moi d'autres fonds, sinon permettez moi de me retirer. » Noureddin fut tellement surpris de ce discours, qu'il n'eut pas un mot à y répondre.

L'ami, qui était aux écoutes et qui avait tout entendu, rentra aussitôt, et fit part aux autres amis de ce qu'il venait d'entendre. « C'est à vous, leur dit-il en achevant, de profiter de cet avis; pour moi, je vous déclare que c'est aujourd'hui le dernier jour que vous me verrez chez Noureddin. » « Si cela est, reprirent-ils, nous n'avons plus affaire chez lui, non plus que vous; il ne nous y reverra pas davantage. »

Noureddin revint en ce moment; et quelque bonne mine qu'il fît pour tâcher de remettre ses conviés en train, il ne put néanmoins si bien dissimuler, qu'ils ne s'aperçussent fort bien de la vérité de ce qu'ils venaient d'apprendre. Il s'était à peine remis à sa place, qu'un des amis se leva de la sienne : « Seigneur, lui dit-il, je suis bien fâché de ne pouvoir vous tenir compagnie plus long-temps : je vous supplie de trouver bon que je m'en aille. » « Quelle affaire vous oblige de nous quitter si tôt? reprit Noureddin.» «Seigneur, reprit-il, ma femme est accouchée aujourd'hui; vous n'ignorez pas que la présence d'un mari est toujours nécessaire dans une pareille rencontre.» Il fit une grande révérence, et partit. Un moment après, un autre se retira, sur un autre prétexte. Les autres firent la même chose l'un après l'autre, jusqu'à ce qu'il ne resta pas un seul des dix amis qui jusqu'alors avaient tenu si bonne compagnie à Noureddin.

Noureddin ne soupçonna rien de la résolution que ses amis avaient prise de ne plus le voir. Il alla à l'appartement de la belle Persienne, et il s'entretint seulement avec elle de la déclaration que son maître-d'hôtel lui avait faite, avec de grands témoignages d'un véritable repentir du désordre où étaient ses affaires.

« Seigneur, lui dit la belle Persienne, permettez-moi de vous dire que vous n'avez voulu vous en rapporter qu'à votre propre sens; vous voyez présentement ce qui vous est arrivé. Je ne me trompais pas lorsque je vous prédisais la triste fin à laquelle vous deviez vous attendre. Ce qui me fait de la peine, c'est que vous ne voyez pas tout ce qu'elle a de fâcheux. Quand je voulais vous en dire ma pensée; « Réjouissons-nous, me disiez-vous, et profitons du bon temps que la Fortune nous offre pendant qu'elle nous est favorable, peut-être ne sera-t-elle pas toujours de si bonne humeur. » Mais je n'avais pas tort de vous répondre que nous étions nous-mêmes les artisans de notre bonne fortune par une sage conduite. Vous n'avez pas voulu m'écouter, et j'ai été contrainte de vous laisser faire malgré moi. »

« J'avoue, reprit Noureddin, que j'ai tort de n'avoir pas suivi les avis si salutaires que vous me donniez avec votre sagesse admirable; mais si j'ai mangé tout mon bien, vous ne considérez pas que ça a été avec une élite d'amis que je connais depuis long-temps. Ils sont honnêtes et pleins de reconnaissance : je suis sûr qu'ils ne m'abandonneront pas. » « Seigneur, répliqua la belle Persienne, si vous n'avez pas d'autre ressource qu'en la reconnaissance de vos amis, croyez-moi, votre espérance est mal fondée, et vous m'en direz des nouvelles avec le temps. »

« Charmante Persienne, dit à cela Noureddin, j'ai meilleure opinion que vous du secours qu'ils me donneront. Je veux les aller voir tous dès demain, avant qu'ils prennent la peine de venir à leur ordinaire, et vous me verrez revenir avec une bonne somme d'argent, dont ils m'auront secouru tous ensemble. Je changerai de vie comme j'y suis résolu, et je ferai profiter cet argent par quelque négoce. »

Noureddin ne manqua pas d'aller le lendemain chez ses dix amis, qui demeuraient dans une même rue; il frappa à la première porte qui se présenta, où demeurait un des plus riches. Une esclave vint, et avant d'ouvrir, elle demanda qui frappait. « Dites à votre maître, répondit Noureddin, que c'est Noureddin, fils du feu visir Khacan. » L'esclave ouvrit, l'introduisit dans une salle, et entra dans la chambre où était son maître, à qui elle annonça que Noureddin venait le voir. « Noureddin! reprit le maître avec un ton de mépris, et si haut, que Noureddin l'entendit avec un grand étonnement; va, dis-lui que je n'y suis pas; et toutes les fois qu'il viendra, dis-lui la même chose. » L'esclave revint, et donna pour réponse à Noureddin qu'elle avait cru que son maître y était, mais qu'elle s'était trompée.

Noureddin sortit avec confusion. « Ah ! le perfide, le méchant homme, s'écria-t-il; il me protestait hier que je n'avais pas un meilleur ami que lui, et aujourd'hui il me traite si indignement ! » Il alla frapper à la porte d'un autre ami, et cet ami lui fit dire la même chose que le premier. Il eut la même réponse chez le troisième, et ainsi des autres jusqu'au dixième, quoiqu'ils fussent chez eux.

Ce fut alors que Noureddin rentra tout de bon en lui-même, et qu'il reconnut sa faute irréparable de s'être fondé si facilement sur l'assiduité de ces faux amis à demeurer attachés à sa personne, et sur leurs protestations d'amitié tout le temps qu'il avait été en état de leur faire des régals somptueux, et de les combler de largesses et de bienfaits. « Il est bien vrai, dit-il en lui-même, les larmes aux yeux; qu'un homme heureux comme je l'étais ressemble à un arbre chargé de fruits : tant qu'il y a du fruit sur l'arbre, on ne cesse pas d'être à l'entour et d'en cueillir ; dès qu'il n'y en a plus, on s'en éloigne et on le laisse seul. » Il se contraignit tant qu'il fut hors de chez lui ; mais dès qu'il fut rentré, il s'abandonna tout entier à son affliction, et alla le témoigner à la belle Persienne.

Dès que la belle Persienne vit paraître l'affligé Noureddin, elle se douta qu'il n'avait pas trouvé chez ses amis le secours auquel il s'était attendu. « Eh bien, Seigneur, lui dit-elle, êtes-vous présentement convaincu de la vérité de ce que je vous avais prédit ? » « Ah ! ma bonne, s'écria-t-il, vous ne me l'aviez prédit que trop véritablement ! Pas un n'a voulu me reconnaître, me voir, me parler ! Jamais je n'eusse cru devoir être traité si cruellement par des gens qui m'ont tant d'obligations, et pour qui je me suis épuisé moi-même ! Je ne me possède plus, et je crains de commettre quelqu'action indigne de moi, dans l'état déplorable et dans le désespoir où je suis, si vous ne m'aidez de vos sages conseils. » « Seigneur, reprit la belle Persienne, je ne vois pas d'autre remède à votre malheur que de vendre vos esclaves et vos meubles, et de subsister là-dessus jusqu'à ce que le Ciel vous montre quelqu'autre voie pour vous tirer de la misère. »

Le remède parut extrêmement dur à Noureddin; mais qu'eût-il pu faire dans la position où il était? Il vendit premièrement ses esclaves, bouches alors inutiles, qui lui eussent fait une dépense beaucoup au-delà de ce qu'il était en état de supporter. Il vécut quelque temps sur l'argent qu'il en fit; et lorsqu'il vint à manquer, il fit porter ses meubles à la place publique, où ils furent vendus beaucoup au-dessous de leur juste valeur, quoiqu'il y en eût de très-précieux qui avaient coûté des sommes immenses. Cela le fit subsister un long espace de temps; mais enfin ce secours manqua, et il ne lui restait plus de quoi faire d'autre argent : il en témoigna l'excès de sa douleur à la belle Persienne.

Noureddin ne s'attendait pas à la réponse que lui fit cette sage personne. « Seigneur, lui dit-elle, je suis votre esclave, et vous savez que le feu visir votre père m'a achetée dix mille pièces d'or. Je sais bien que je suis diminuée de prix depuis ce temps-là; mais aussi je suis persuadée que je puis être encore vendue une somme qui n'en sera pas éloignée. Croyez-moi, ne différez pas de me mener au marché, et de me vendre : avec l'argent que vous toucherez, qui sera très-considérable, vous irez faire le marchand en quelque ville où vous ne serez pas connu; et par-là vous aurez trouvé le moyen de vivre, sinon dans une grande opulence, d'une manière au moins à vous rendre heureux et content. »

« Ah! charmante et belle Persienne ! s'écria Noureddin, est-il possible que vous ayez pu concevoir cette pensée? Vous ai-je donné si peu de marques de mon amour, que vous me croyiez capable de cette lâcheté indigne? Pourrai-je le faire sans être parjure, après le serment que j'ai fait à feu mon père de ne vous jamais vendre?

Je mourrais plutôt que d'y contrevenir, et que de me séparer d'avec vous, que j'aime, je ne dis pas autant, mais plus que moi-même. En me faisant une proposition si déraisonnable, vous me faites connaître qu'il s'en faut de beaucoup que vous m'aimiez autant que je vous aime. »

« Seigneur, reprit la belle Persienne, je suis convaincue que vous m'aimez autant que vous le dites; et Dieu connaît si la passion que j'ai pour vous est inférieure à la vôtre, et combien j'ai eu de répugnance à vous faire la proposition qui vous révolte si fort contre moi. Pour détruire la raison que vous m'apportez, je n'ai qu'à vous faire souvenir que la nécessité n'a pas de loi. Je vous aime à un point qu'il n'est pas possible que vous m'aimiez davantage; et je puis vous assurer que je ne cesserai jamais de vous aimer de même, à quelque maître que je puisse appartenir. Je n'aurai pas même un plus grand plaisir au monde que de me réunir avec vous dès que vos affaires vous permettront de me racheter, comme je l'espère. Voilà, je vous l'avoue, une nécessité bien cruelle pour vous et pour moi ; mais après tout, je ne vois pas d'autres moyens de nous tirer de la misère : vous et moi. »

Noureddin, qui connaissait fort bien la vérité de ce que la belle Persienne venait de lui représenter, et qui n'avait point d'autre ressource pour éviter une pauvreté ignominieuse, fut contraint de prendre le parti qu'elle lui avait proposé. Ainsi il la mena au marché où l'on vendait les femmes esclaves, avec un regret qu'on ne peut exprimer. Il s'adressa à un courtier nommé Hagi Hassan. « Hagi Hassan, lui dit-il, voici une esclave que je veux vendre ; vois, je te prie, le prix qu'on en voudra donner. »

Hagi Hassan fit entrer Noureddin et la belle Persienne dans une chambre ; et dès que la belle Persienne eut ôté le voile qui lui cachait le visage : « Seigneur, dit Hagi Hassan à Noureddin avec admiration, me trompé-je ? n'est-ce pas l'esclave que le feu visir votre père acheta dix mille pièces d'or ? » Noureddin lui assura que c'était elle-même ; et Hagi Hassan, en lui faisant espérer qu'il en tirerait une grosse somme, lui promit d'employer tout son art à la faire acheter au plus haut prix qu'il lui serait possible.

Hagi Hassan et Noureddin sortirent de la chambre, et Hagi Hassan y enferma la belle Persienne. Il alla ensuite chercher les marchands ; mais ils étaient tous occupés à acheter des esclaves grecques, africaines, tartares et autres, et il fut obligé d'attendre qu'ils eussent fait leurs achats. Dès qu'ils eurent achevé, et qu'à peu près ils se furent tous rassemblés : « Mes bons seigneurs, leur dit-il avec une gaîté qui paraissait sur son visage et dans ses gestes, tout ce qui est rond n'est pas noisette, tout ce qui est long n'est pas figue, tout ce qui est rouge n'est pas chair, et tous les œufs ne sont pas frais. Je veux vous dire que vous avez bien vu et bien acheté des esclaves en votre vie; mais vous n'en avez jamais vu une seule qui puisse entrer en comparaison avec celle que je vous annonce. C'est la perle des esclaves : venez, suivez-moi, que je vous la fasse voir. Je veux que vous me disiez vous-même à quel prix je dois la crier d'abord. »

Les marchands suivirent Hagi Hassan ; et Hagi Hassan leur ouvrit la porte de la chambre où était la belle Persienne. Ils la virent avec surprise, et ils convinrent tout d'une voix qu'on ne pouvait la mettre d'abord à un moindre prix que celui de quatre mille pièces d'or. Ils sortirent de la chambre ; Hagi Hassan, qui sortit avec eux, après avoir fermé la porte, cria à haute voix, sans s'éloigner :

A quatre mille pièces d'or l'esclave persienne !

Aucun des marchands n'avait encore parlé, et ils se consultaient eux-mêmes sur l'enchère qu'ils y devaient mettre, lorsque le visir Saouy parut. Comme il eut aperçu Noureddin dans la place : « Apparemment, dit-il en lui-même, que Noureddin fait encore de l'argent de quelques meubles (car il savait qu'il en avait vendu), et qu'il est venu acheter une esclave. » Il s'avance, et Hagi Hassan cria une seconde fois : *A quatre mille pièces d'or l'esclave persienne !*

Ce haut prix fit juger à Saouy que l'esclave devait être d'une beauté toute particulière, et aussitôt il eut une forte envie de la voir. Il poussa son cheval droit à Hagi Hassan, qui était environné des marchands : « Ouvre la porte, lui dit-il, et fais-moi voir l'esclave. » Ce n'était pas la coutume de faire voir une esclave à un particulier dès que les marchands l'avaient vue, et qu'ils la marchandaient. Mais les marchands n'eurent pas la hardiesse de faire valoir leur droit contre l'autorité du visir ; et Hagi Hassan ne put se dispenser d'ouvrir la porte, et de faire signe à la belle Persienne de s'approcher, afin que Saouy pût la voir sans descendre de son cheval.

Saouy fut dans une admiration inexprimable quand il vit une esclave d'une beauté si extraordinaire. Il avait déjà eu affaire avec le courtier, et son nom ne lui était pas inconnu : « Hagi Hassan, lui dit-il, n'est-ce pas à quatre mille pièces d'or que tu la cries ? » Oui, Seigneur, répondit-il ; les marchands que vous voyez sont convenus, il n'y a qu'un moment, que je la criasse à ce prix-là. J'attends qu'ils en offrent davantage à l'enchère et au dernier mot. » « Je donnerai l'argent, reprit Saouy, si personne n'en offre davantage. » Il regarda aussitôt les marchands d'un œil qui marquait assez qu'il ne prétendait pas qu'ils enchérissent. Il était si redoutable à tout le monde, qu'ils se gardèrent bien d'ouvrir la bouche, même pour se plaindre sur ce qu'il entreprenait sur leur droit.

Quand le visir Saouy eut attendu quelque temps, et qu'il vit qu'aucun des marchands n'enchérissait : « Hé bien, qu'attends-tu ? dit-il à Hagi Hassan ; va trouver le vendeur, et conclus le marché avec lui à quatre mille pièces d'or, ou sache ce qu'il prétend faire. » Il ne savait pas encore que l'esclave appartînt à Noureddin.

Hagi Hassan, qui avait déjà fermé la porte de la chambre, alla s'aboucher avec Noureddin : « Seigneur, lui dit-il, je suis bien fâché de venir vous annoncer une méchante nouvelle ; votre esclave va être vendue pour rien. » « Pour quelle raison ?

reprit Noureddin. » « Seigneur, repartit Hagi Hassan, la chose avait pris d'abord un fort bon train. Dès que les marchands eurent vu votre esclave, ils me chargèrent, sans faire de façon, de la crier à quatre mille pièces d'or. Je l'ai criée à ce prix-là, et aussitôt le visir Saouy est venu, et sa présence a fermé la bouche aux marchands, que je voyais disposés à la faire monter au moins au même prix qu'elle coûta au feu visir votre père. Saouy ne veut en donner que les quatre mille pièces d'or, et c'est bien malgré moi que je viens vous apporter une parole si déraisonnable. L'esclave est à vous; mais je ne vous conseillerai jamais de la lâcher à ce prix-là. Vous le connaissez, Seigneur, et tout le monde le connaît. Outre que l'esclave vaut infiniment davantage, il est assez méchant homme pour imaginer quelque moyen de ne vous pas compter la somme. »

« Hagi Hassan, répliqua Noureddin, je te suis obligé de ton conseil; ne crains pas que je souffre que mon esclave soit vendue à l'ennemi de ma maison. J'ai grand besoin d'argent; mais j'aimerais mieux mourir dans la dernière pauvreté, que de permettre qu'elle lui soit livrée. Je te demande une seule chose : comme tu sais tous les usages et tous les détours, dis-moi seulement ce que je dois faire pour l'en empêcher. »

« Seigneur, répondit Hagi Hassan, rien n'est plus aisé. Faites semblant de vous-être mis en colère contre votre esclave, et d'avoir juré que vous l'amèneriez au marché; mais que vous n'avez pas entendu la vendre, et que ce que vous en avez fait, n'a été que pour vous acquitter de votre serment : cela satisfera tout le monde, et Saouy n'aura rien à vous dire. Venez donc; et dans le moment que je la présenterai à Saouy, comme si c'était de votre consentement, et que le marché fût arrêté, reprenez-la en lui donnant quelques coups, et ramenez-la chez vous. »

« Je te remercie, lui dit Noureddin, tu verras que je suivrai ton conseil. »

Hagi Hassan retourna à la chambre; il l'ouvrit et entra; et après avoir averti la belle Persienne en deux mots, de ne pas s'alarmer de ce qui allait arriver, il la prit par le bras et l'amena au visir Saouy qui était toujours devant la porte : « Seigneur, dit-il en la présentant, voilà l'esclave; elle est à vous; prenez-la. »

Hagi Hassan n'avait pas achevé ces paroles, que Noureddin s'était saisi de la belle Persienne, il la tira à lui, en lui donnant un soufflet : « Venez-çà, impertinente, lui dit-il assez haut pour être entendu de tout le monde, et revenez chez moi. Votre méchante humeur m'avait bien obligé de faire serment de vous amener au marché, mais non pas de vous vendre. J'ai encore besoin de vous, et je serai à temps d'en venir à cette extrémité, quand il ne me restera plus autre chose. »

Le visir Saouy fut dans une grande colère de cette action de Noureddin. « Misérable débauché! s'écria-t-il, veux-tu me faire accroire qu'il te reste autre chose à vendre que ton esclave ? » Il poussa son cheval en même-temps droit à lui pour lui enlever la belle Persienne. Noureddin, piqué au vif de l'affront que le visir lui faisait, ne fit que lâcher la belle Persienne et lui dire de l'attendre; et en se jetant sur la bride du cheval, il le fit reculer trois ou quatre pas en arrière : « Méchant barbon, dit-il alors au visir, je te ravirais l'ame sur l'heure, si je n'étais retenu par la considération de tout le monde que voilà. »

Comme le visir Saouy n'était aimé de personne, et qu'au contraire il était haï de tout le monde, il n'y en avait pas un de tous ceux qui étaient présens, qui n'eût été ravi que Noureddin l'eût un peu mortifié. Ils lui témoignèrent par signes, et lui firent comprendre qu'il pouvait se venger comme il lui plairait, et que personne ne se mêlerait de leur querelle.

Saouy voulut faire un effort pour obliger Noureddin de lâcher la bride de son cheval; mais Noureddin, qui était un jeune homme fort et puissant, enhardi par la bienveillance des assistans, le tira à bas du cheval au milieu du ruisseau, lui donna mille coups, et lui mit la tête en sang contre le pavé. Dix esclaves, qui accompagnaient Saouy, voulurent tirer le sabre et se jeter sur Noureddin; mais les marchands se mirent au-devant, et les en empêchèrent. « Que prétendez-vous faire ? leur dirent-ils ; ne voyez-vous pas que si l'un est visir, l'autre est fils de visir ? Laissez-les vider leur différend entre eux. Peut-être se racommoderont-ils un de ces jours ; et si vous aviez tué Noureddin, croyez-vous que votre maître, tout puissant qu'il est, pût vous garantir de la justice ? « Noureddin se lassa enfin de battre le visir Saouy ; il le laissa au milieu du ruisseau, reprit la belle Persienne, et retourna chez lui au milieu des acclamations du peuple, qui le louait de l'action qu'il venait de faire.

Saouy, meurtri de coups, se releva, à l'aide de ses gens, avec bien de la peine, et il eut la dernière mortification de se voir tout gâté de fange et de sang. Il s'appuya sur les épaules de deux de ses esclaves, et dans cet état il alla droit au palais, à la vue de tout le monde, avec une confusion d'autant plus grande, que personne ne le plaignait. Quand il fut sous l'appartement du Roi, il se mit à crier et à implorer sa justice d'une manière pitoyable. Le Roi le fit venir, et dès qu'il parut, il lui demanda qui l'avait maltraité et mis dans l'état où il était. « Sire, s'écria Saouy, il ne faut qu'être bien dans la faveur de Votre Majesté, et avoir quelque part à ses sacrés conseils, pour être traité de la manière indigne dont elle voit qu'on vient de me traiter. » « Laissons-là ces discours, reprit le Roi : dites-moi seulement la chose comme elle est, et qui est l'offenseur. Je saurai bien le faire repentir, s'il a tort. »

« Sire, dit alors Saouy en racontant la chose tout à son avantage, j'étais allé au marché des femmes esclaves pour acheter moi-même une cuisinière dont j'ai besoin ; j'y suis arrivé, et j'ai trouvé qu'on y criait une esclave à quatre mille pièces d'or. Je me suis fait amener l'esclave, et c'est la plus belle qu'on ait vue et qu'on puisse jamais voir. Je ne l'ai pas eu plutôt considérée avec une satisfaction extrême, que j'ai demandé à qui elle appartenait, et j'ai appris que Noureddin, fils du feu visir Khacan, voulait la vendre. Votre Majesté se souvient, Sire, d'avoir fait compter dix mille pièces d'or à ce visir, il y a deux ou

trois ans, et de l'avoir chargé de vous acheter une esclave pour cette somme. Il l'avait employée à acheter celle-ci ; mais au lieu de l'amener à Votre Majesté, il ne vous en jugea pas digne, et en fit présent à son fils. Depuis la mort du père, le fils a bu, mangé et dissipé tout ce qu'il avait, et il ne lui est resté que cette esclave, qu'il s'était enfin résolu à vendre, et que l'on vendait en effet en son nom. Je l'ai fait venir, et sans lui parler de la prévarication, ou plutôt de la perfidie de son père envers Votre Majesté : « Nou-
« reddin, lui ai-je dit le plus honnête-
« ment du monde, les marchands, comme
« je l'apprends, ont mis d'abord votre
« esclave à quatre mille pièces d'or. Je
« ne doute pas qu'à l'envi l'un de l'autre
« ils ne la fassent monter à un prix beau-
« coup plus haut : croyez-moi, donnez-
« la-moi pour les quatre mille pièces
« d'or, et je vais l'acheter pour en faire
« un présent au Roi, notre seigneur et
« maître, à qui j'en ferai bien votre cour.
« Cela vous vaudra infiniment plus que
« ce que les marchands pourraient vous

« en donner. » Au lieu de répondre en me rendant honnêteté pour honnêteté, l'insolent m'a regardé fièrement : « Méchant vieil« lard, m'a-t-il dit, je donnerais mon esclave « à un juif pour rien, plutôt que de te « la vendre. » « Mais, Noureddin, ai-je « repris sans m'échauffer, quoique j'en « eusse un grand sujet, vous ne considé« rez pas, quand vous parlez ainsi, que « vous faites injure au Roi, qui a fait « votre père ce qu'il était, aussi bien qu'il « m'a fait ce que je suis. » Cette remontrance, qui devait l'adoucir, n'a fait que l'irriter davantage : il s'est jeté aussitôt sur moi comme un furieux, sans aucune considération pour mon âge, encore moins pour ma dignité, m'a jeté à bas de mon cheval, m'a frappé tout le temps qu'il lui a plu, et m'a mis en l'état où Votre Majesté me voit. Je la supplie de considérer que c'est pour ses intérêts que je souffre un affront si signalé. »

En achevant ces paroles, il baissa la tête et se tourna de côté pour laisser couler ses larmes en abondance.

Le Roi, abusé, et animé contre Noureddin, par ce discours plein d'artifice, laissa paraître sur son visage des marques d'une grande colère ; il se tourna du côté de son capitaine des gardes qui était auprès de lui : « Prenez quarante hommes de ma garde, lui dit-il ; et quand vous aurez mis la maison de Noureddin au pillage, et que vous aurez donné les ordres pour la raser, amenez-le-moi avec son esclave. »

Le capitaine des gardes n'était pas encore hors de l'appartement du Roi, qu'un huissier de la chambre, qui entendit donner cet ordre, avait déjà pris le devant. Il s'appelait Sangiar, et il avait été autrefois esclave du visir Khacan, qui l'avait introduit dans la maison du Roi, où il s'était avancé par degrés.

Sangiar, plein de reconnaissance pour son ancien maître, et de zèle pour Noureddin qu'il avait vu naître, et qui connaissait depuis long-temps la haine de Saouy contre la maison de Khacan, n'avait pu entendre l'ordre sans frémir. « L'action de Noureddin, dit-il en lui-même, ne peut pas être aussi noire que

Saouy l'a racontée; il a prévenu le Roi, et le Roi va faire mourir Noureddin sans lui donner le temps de se justifier. » Il fit une diligence si grande, qu'il arriva assez à temps pour l'avertir de ce qui venait de se passer chez le Roi, et lui donner lieu de se sauver avec la belle Persienne. Il frappa à la porte d'une manière qui obligea Noureddin, qui n'avait plus de domestiques il y avait long-temps, de venir ouvrir lui-même sans différer. « Mon cher Seigneur, lui dit Sangiar, il n'y a plus de sûreté pour vous à Balsora; partez, et sauvez-vous sans perdre un moment. »

« Pourquoi cela ? reprit Noureddin; qu'y a-t-il qui m'oblige si fort de partir ? »
« Partez, vous dis-je, repartit Sangiar, et emmenez votre esclave avec vous. En deux mots, Saouy vient de faire entendre au Roi, de la manière qu'il a voulu, ce qui s'est passé entre vous et lui; et le capitaine des gardes vient après moi avec quarante soldats, se saisir de vous et d'elle. Prenez ces quarante pièces d'or pour vous aider à chercher un asile ; je vous en donnerais davantage si j'en avais plus sur moi.

Excusez-moi si je ne m'arrête pas davantage ; je vous laisse malgré moi pour votre bien et pour le mien, par l'intérêt que j'ai que le capitaine des gardes ne me voie pas. » Sangiar ne donna à Noureddin que le temps de le remercier, et se retira.

Noureddin alla avertir la belle Persienne de la nécessité où ils étaient l'un et l'autre de s'éloigner dans le moment : elle ne fit que mettre son voile, et ils sortirent de la maison. Ils eurent le bonheur non-seulement de sortir de la ville sans que personne s'aperçût de leur évasion ; mais même d'arriver à l'embouchure de l'Euphrate, qui n'était pas éloignée, et de s'embarquer sur un bâtiment prêt à lever l'ancre.

En effet, dans le temps qu'ils arrivèrent, le capitaine était sur le tillac au milieu des passagers : « Enfans, leur demandait-il, êtes-vous tous ici ? Quelqu'un de vous a-t-il encore affaire, ou a-t-il oublié quelque chose à la ville ? » A quoi chacun répondit qu'ils y étaient tous, et qu'il pouvait faire voile quand il lui plairait. Noureddin ne fut pas plutôt embarqué, qu'il demanda où le vaisseau allait, et il fut ravi d'apprendre qu'il allait à Bagdad. Le capitaine fit lever l'ancre, mit à la voile, et le vaisseau s'éloigna de Balsora avec un vent très-favorable.

Voici ce qui se passa à Balsora pendant que Noureddin échappait à la colère du Roi avec la belle Persienne.

Le capitaine des gardes arriva à la maison de Noureddin, et frappa à la porte. Comme il vit que personne n'ouvrait, il la fit enfoncer, et aussitôt ses soldats entrèrent en foule; ils cherchèrent par tous les coins et recoins, et ils ne trouvèrent ni Noureddin ni son esclave. Le capitaine des gardes fit demander et demanda lui-même aux voisins s'ils ne les avaient pas vus. Quand ils les eussent vus, comme il n'y en avait pas un qui n'aimât Noureddin, il n'y en avait pas un qui eût rien dit qui pût lui faire tort. Pendant que l'on pillait et que l'on rasait la maison, il alla porter cette nouvelle au Roi.» Qu'on les cherche en quelqu'endroit qu'ils puissent être, dit le Roi, je veux les avoir.»

Le capitaine des gardes alla faire de

nouvelles perquisitions, et le Roi renvoya le visir Saouy avec honneur : « Allez, lui dit-il, retournez chez vous, et ne vous mettez pas en peine du châtiment de Noureddin ; je vous vengerai moi-même de son insolence. »

Afin de mettre tout en usage, le Roi fit encore crier dans toute la ville, par les crieurs publics, qu'il donnerait mille pièces d'or à celui qui lui amènerait Noureddin et son esclave, et qu'il ferait punir sévèrement celui qui les aurait cachés. Mais quelque soin qu'il prît et quelque diligence qu'il fît faire, il ne lui fut pas possible d'en avoir aucune nouvelle ; et le visir Saouy n'eut que la consolation de voir que le Roi avait pris son parti.

Noureddin et la belle Persienne cependant avançaient et faisaient leur route avec tout le bonheur possible. Ils abordèrent enfin à Bagdad ; et dès que le capitaine, joyeux d'avoir achevé son voyage, eut aperçu la ville : « Enfans, s'écria-t-il en parlant aux passagers, réjouissez-vous ; la voilà, cette grande et merveilleuse ville, où il y a un concours général et perpétuel de tous les endroits du monde. Vous y trouverez une multitude de peuple innombrable, et vous n'y aurez pas le froid insupportable de l'hiver, ni les chaleurs excessives de l'été ; vous y jouirez d'un printemps qui dure toujours avec ses fleurs, et avec les fruits délicieux de l'automne. »

Quand le bâtiment eut mouillé un peu au-dessous de la ville, les passagers débarquèrent et se rendirent chacun où ils devaient loger. Noureddin donna cinq pièces d'or pour son passage, et débarqua aussi avec la belle Persienne. Mais il n'était jamais venu à Bagdad, et il ne savait où aller prendre logement. Ils marchèrent long-temps le long des jardins qui bordaient le Tigre, et ils en côtoyèrent un qui était formé d'une belle et longue muraille. En arrivant au bout, ils détournèrent par une longue rue bien pavée, où ils aperçurent la porte du jardin avec une belle fontaine auprès.

La porte, qui était très-magnifique, était fermée avec un vestibule ouvert, où il y avait un sofa de chaque côté. « Voici un endroit fort commode, dit Noureddin à la belle Persienne ; la nuit approche, et nous avons mangé avant de débarquer ; je suis d'avis que nous y passions la nuit, et demain matin nous aurons le temps de chercher à nous loger. Qu'en dites-vous ?».

« Vous savez, Seigneur, répondit la belle Persienne, que je ne veux que ce que vous voulez; ne passons pas plus loin, si vous le souhaitez ainsi. » Ils burent chacun un coup à la fontaine, et montèrent sur un des deux sofas, où ils s'entretinrent quelque temps. Le sommeil les prit enfin, et ils s'endormirent au murmure agréable de l'eau.

Le jardin appartenait au calife, et il y avait au milieu un grand pavillon qu'on appelait le pavillon des Peintures, à cause que son principal ornement était des peintures à la persienne, de la main de plusieurs peintres de Perse que le calife avait fait venir exprès. Le grand et superbe salon que ce pavillon formait était éclairé par quatre-vingts fenêtres, avec un lustre à chacune, et les quatre-vingts lustres ne s'allumaient que lorsque le calife y venait passer la soirée, et que le temps était si tranquille, qu'il n'y avait pas un souffle de vent. Ils faisaient alors une très-belle illumination qu'on apercevait bien loin à la campagne de ce côté-là et d'une grande partie de la ville.

Il ne demeurait qu'un concierge dans ce jardin ; et c'était un vieil officier fort âgé, nommé Scheich Ibrahim, qui occupait ce poste, où le calife l'avait mis lui-même par récompense. Le calife lui avait bien recommandé de n'y pas laisser entrer toutes sortes de personnes, et surtout de ne pas souffrir qu'on s'assît et qu'on s'arrêtât sur les deux sofas qui étaient à la porte en dehors, afin qu'ils fussent toujours propres, et châtier ceux qu'il y trouverait.

Une affaire avait obligé le concierge de sortir, et il n'était pas encore revenu. Il revint enfin, et il arriva assez de jour pour s'apercevoir d'abord que deux personnes dormaient sur un des sofas, l'une et l'autre la tête sous un linge, pour être à l'abri des cousins. « Bon, dit Scheich Ibrahim en lui-même, voilà des gens qui contreviennent à la défense du calife ; je vais leur apprendre le respect qu'ils lui doivent. » Il ouvrit la porte sans faire de bruit; et un moment après, il revint avec une grosse canne à la main, le bras retroussé. Il allait frapper de toute sa force sur l'un et sur l'autre; mais il se retint. « Scheich Ibrahim, se dit-il à lui-même, tu vas les frapper, et tu ne considères pas que ce sont peut-être des étrangers qui ne savent où aller loger, et qui ignorent l'intention du calife; il est mieux que tu saches auparavant qui ils sont. » Il leva le linge qui leur couvrait la tête avec une grande précaution, et il fut dans la dernière admiration de voir un jeune homme si bien fait et une jeune femme si belle. Il éveilla Noureddin en le tirant un peu par les pieds.

Noureddin leva aussitôt la tête; et dès qu'il eut vu un vieillard à longue barbe blanche à ses pieds, il se leva sur son séant, se coulant sur les genoux; et en lui prenant la main qu'il baisa : « Bon père, lui dit-il, que Dieu vous conserve; souhaitez-vous quelque chose ? » « Mon fils, reprit Scheich Ibrahim, qui êtes-vous? D'où êtes-vous ? » « Nous sommes des étrangers qui ne faisons que d'arriver, repartit Noureddin, et nous voulions passer ici la nuit jusqu'à demain. » « Vous seriez mal ici, répliqua Scheich Ibrahim; venez, entrez, je vous donnerai à coucher plus commodément; et la vue du jardin, qui est très-beau, vous réjouira pendant qu'il fait encore un peu de jour. » « Et ce jardin est-il à vous ? lui demanda Noureddin. » « Vraiment oui, c'est à moi, reprit Scheich Ibrahim en souriant : c'est un héritage que j'ai eu de mon père, entrez; vous dis-je, vous ne serez pas fâché de le voir.

Noureddin se leva, en témoignant à Scheich Ibrahim combien il lui était obligé de son honnêteté, et entra dans le jardin avec la belle Persienne. Scheich Ibrahim ferma la porte, et en marchant devant eux, les mena dans un endroit d'ou ils virent à peu près la disposition, la grandeur et la beauté du jardin d'un coup d'œil.

Noureddin avait vu d'assez beaux jardins à Balsora; mais il n'en avait pas encore vu de comparables à celui-ci. Quand il eut bien tout considéré, et qu'il se fut promené dans quelques allées, il se tourna du côté du concierge qui l'acccompagnait, et lui demanda comment il s'appelait. Dès qu'il lui eut répondu qu'il s'appelait Scheich Ibrahim, « Scheich Ibrahim, lui dit-il, il faut avouer que voici un jardin merveilleux ; Dieu vous y conserve long-temps ! Nous ne pouvons assez vous remercier de la grâce que vous nous avez faite de nous faire voir un lieu si digne d'être vu ; il est juste que nous vous en témoignions notre reconnaissance par quelqu'endroit. Tenez, voilà deux pièces d'or : je vous prie de nous faire chercher quelque chose pour manger, afin que nous nous réjouissions ensemble. »

A la vue des deux pièces d'or, Scheich Ibrahim, qui aimait fort ce métal, sourit en sa barbe; il les prit; et en laissant Noureddin et la belle Persienne, pour aller faire la commission, car il était seul : « Voilà de bonnes gens, dit-il en lui-même avec bien de la joie ; je me serais fait un grand tort à moi-même, si j'eusse eu l'imprudence de les maltraiter et de les chasser. Je les régalerai en prince avec la dixième partie de cet argent, et le reste me demeurera pour ma peine. »

Pendant que Scheich Ibrahim alla acheter de quoi souper autant pour lui que pour ses hôtes, Noureddin et la belle Persienne se promenèrent dans le jardin, et arrivèrent au pavillon des Peintures qui était au milieu. Ils s'arrêtèrent d'abord à contempler sa structure admirable, sa grandeur et sa hauteur; et après qu'ils en eurent fait le tour en le regardant de tous les côtés, ils montèrent à la porte du salon par un grand escalier de marbre blanc; mais ils la trouvèrent fermée.

Noureddin et la belle Persienne ne faisaient que de descendre de l'escalier lorsque Scheich Ibrahim arriva chargé de vivres. « Scheich Ibrahim, lui dit Noureddin avec étonnement, ne nous avez-vous pas dit que ce jardin vous appartient ? » « Je l'ai dit, reprit Scheich Ibrahim, et je le dis encore. Pourquoi me faites-vous cette demande ? » « Et ce superbe pavillon, repartit Noureddin, est à vous aussi ? » Scheich Ibrahim ne s'attendait pas à cette autre demande, et il en parut un peu interdit. « Si je dis qu'il n'est pas à moi, dit-il en lui-même, ils me demanderont aussitôt comment il se peut faire que je sois maître du jardin, et que je ne le sois point du pavillon. » Comme il avait bien voulu feindre que le jardin était à lui, il feignit la même chose à l'égard du pavillon. « Mon fils, repartit-il, le pavillon ne va pas sans le jardin : l'un et l'autre m'appartiennent. » « Puisque cela est, reprit alors Noureddin, et que vous voulez bien que nous soyions vos hôtes cette nuit, faites-nous, je vous en supplie, la grâce de nous en faire voir le dedans : à juger du dehors, il doit être d'une magnificence extraordinaire. »

Il n'eut pas été honnête à Scheich Ibrahim de refuser à Noureddin la demande qu'il faisait, après les avances qu'il avait déjà faites. Il considéra de plus que le calife n'avait pas envoyé l'avertir comme il avait coutume, et ainsi qu'il ne viendrait pas ce soir-là, et qu'il pouvait même y faire manger ses hôtes, et manger lui-même avec eux. Il posa les vivres qu'il avait apportés sur le premier degré de l'escalier, et alla chercher la clef dans le logement où il demeurait. Il revint avec de la lumière, et il ouvrit la porte.

Noureddin et la belle Persienne entrèrent dans le salon, et ils le trouvèrent si surprenant, qu'ils ne pouvaient se lasser d'en admirer la beauté et la richesse. En effet, sans parler des peintures, les sofas étaient magnifiques; et avec les lustres qui pendaient à chaque fenêtre, il y avait encore entre chaque croisée un bras d'argent chacun avec sa bougie; et Noureddin ne put voir tous ces objets sans se ressouvenir de la splendeur dans laquelle il avait vécu, et sans en soupirer.

Scheich Ibrahim cependant apporta les vivres, prépara la table sur un sofa; et quand tout fut prêt, Noureddin, la belle Persienne et lui s'assirent et mangèrent ensemble. Quand ils eurent achevé, et qu'ils eurent lavé les mains, Noureddin ouvrit une fenêtre et appela la belle Persienne. « Approchez, lui dit-il, et admirez avec moi la belle vue et la beauté du jardin au clair de la lune qu'il fait : rien n'est plus charmant. » Elle s'approcha, et ils jouirent ensemble de ce spectacle, pendant que Scheich Ibrahim ôtait la table.

Quand Scheich Ibrahim eut fait, et qu'il

fut venu rejoindre ses hôtes, Noureddin lui demanda s'il n'avait pas quelque boisson dont il voulût bien les régaler. « Quelle boisson voudriez-vous ? reprit Scheich Ibrahim ; est-ce du sorbet ? J'en ai du plus exquis ; mais vous savez bien, mon fils, qu'on ne boit pas le sorbet après le souper.

« Je le sais bien, repartit Noureddin : ce n'est pas du sorbet que nous vous demandons ; c'est une autre boisson ; et je m'étonne que vous ne m'entendiez pas. » « C'est donc du vin dont vous voulez parler ? répliqua Scheich Ibrahim. » « Vous l'avez deviné, lui dit Noureddin : si vous en avez, obligez-nous de nous en apporter une bouteille. Vous savez qu'on en boit après souper pour passer le temps jusqu'à ce qu'on se couche. »

« Dieu me garde d'avoir du vin chez moi, s'écria Scheich Ibrahim, et même d'approcher d'un lieu où il y en aurait ! Un homme comme moi, qui a fait le pélerinage de la Mecque quatre fois, a renoncé au vin pour toute sa vie. »

« Vous nous feriez pourtant un grand

plaisir de nous en trouver, reprit Noureddin ; et si cela ne vous fait pas de peine, je vais vous enseigner un moyen, sans que vous entriez au cabaret, et sans que vous mettiez la main à ce qu'il contiendra. »

« Je le veux bien à cette condition, repartit Scheih Ibrahim : dites-moi seulement ce qu'il faut que je fasse. »

« Nous avons vu un âne attaché à l'entrée de votre jardin, dit alors Noureddin; c'est à vous apparemment, et vous devez vous en servir dans le besoin. Tenez, voilà encore deux pièces d'or; prenez l'âne avec ses paniers, et allez au premier cabaret, sans vous en approcher qu'autant qu'il vous plaira; donnez quelque chose au premier passant, et priez-le d'aller jusqu'au cabaret avec l'âne, d'y prendre deux cruches de vin, que l'on mettra, l'une dans un panier, et l'autre dans l'autre, et de vous ramener l'âne après qu'il aura payé le vin de l'argent que vous lui aurez donné. Vous n'aurez qu'à chasser l'âne devant vous jusqu'ici, et nous prendrons les cruches nous-mêmes dans les paniers. De cette manière, vous ne ferez rien qui doive vous causer la moindre répugnance. »

Les deux autres pièces d'or que Scheich Ibrahim venait de recevoir, firent un puissant effet sur son esprit. « Ah, mon fils ! s'écria-t-il quand Noureddin eut achevé, que vous l'entendez bien ! Sans vous, je ne me fusse jamais avisé de ce moyen pour vous faire avoir du vin sans scrupule. » Il les quitta pour aller faire la commission, et il s'en acquitta en peu de temps. Dès qu'il fut de retour, Noureddin descendit, tira les cruche des paniers, et les porta au salon.

Scheich Ibrahim ramena l'âne à l'endroit où il l'avait pris; et lorsqu'il fut revenu : « Scheich Ibrahim, lui dit Noureddin, nous ne pouvons assez vous remercier de la peine que vous avez bien voulu prendre ; mais il nous manque encore quelque chose. » « Et quoi ? reprit Scheich Ibrahim ; que puis-je faire encore pour votre service ? » « Nous n'avons pas de tasses, repartit Noureddin, et quelques fruits nous raccommoderaient bien, si vous en aviez. » « Vous n'avez qu'à parler, répliqua Scheich Ibrahim; il ne vous manquera rien de tout ce que vous pouvez souhaiter. »

Scheich Ibrahim descendit, et en peu de temps il leur prépara une table couverte de belles porcelaines remplies de plusieurs sortes de fruits, avec des tasses d'or et d'argent à choisir ; et quand il leur eut demandé s'ils avaient besoin de quelqu'autre chose, il se retira sans vouloir rester, quoiqu'ils l'en priassent avec beaucoup d'instances.

Noureddin et la belle Persienne se remirent à table, et ils commencèrent par boire chacun un coup : ils trouvèrent le vin excellent. « Hé bien, ma belle, dit Noureddin à la belle Persienne, ne sommes-nous pas les plus heureux du monde de ce que le hasard nous a amenés dans un lieu si agréable et si charmant ? Réjouissons-nous, et remettons-nous de la mauvaise chère de notre voyage. Mon bonheur peut-il être plus grand, que de vous avoir d'un côté, et la tasse de l'autre ? » Il burent plusieurs autres fois, en s'entretenant agréablement, et en chantant chacun leur chanson.

Comme ils avaient la voix parfaitement belle l'un et l'autre, particulièrement la belle Persienne, leur chant attira Scheich Ibrahim, qui les entendit long-temps de dessus le perron avec un grand plaisir, sans se faire voir. Il se fit voir enfin en mettant la tête à la porte : « Courage, Seigneur, dit-il à Noureddin qu'il croyait déjà ivre, je suis ravi de vous voir dans cette joie. »

« Ah, Scheich Ibrahim ! s'écria Noureddin en se tournant de son côté, que vous êtes un brave homme, et que nous vous sommes obligés ! Nous n'oserions vous prier de boire un coup ; mais ne laissez pas d'entrer. Venez, approchez-vous, et faites-nous au moins l'honneur de nous tenir compagnie. » « Continuez, continuez, reprit Scheich Ibrahim ; je me contente du plaisir d'entendre vos belles chansons. » Et en disant ces paroles il disparut.

La belle Persienne s'aperçut que Scheich Ibrahim s'était arrêté sur le perron, et elle en avertit Noureddin. « Seigneur, ajouta-t-elle, vous voyez qu'il témoigne une aversion pour le vin; je ne désespérerais pas de lui en faire boire, si vous vouliez faire ce que je vous dirais. » « Et quoi ? demanda Noureddin; vous n'avez qu'à dire, je ferai ce que vous voudrez. » Engagez-le seulement à entrer et demeurer avec nous, dit-elle; quelque temps après, versez à boire, et présentez-lui la tasse; s'il vous refuse, buvez, et ensuite faites semblant de dormir, je ferai le reste. »

Noureddin comprit l'intention de la belle Persienne; il appela Scheich Ibrahim, qui reparut à la porte. » Scheich Ibrahim, lui dit-il, nous sommes vos hôtes, et vous nous avez accueillis le plus obligeamment du monde; voudriez-vous nous refuser la prière que nous vous faisons de nous honorer de votre compagnie ? Nous ne vous demanderons pas que vous buviez, mais seulement de nous faire le plaisir de vous voir. »

Scheich Ibrahim se laissa persuader : il entra, et s'assit sur le bord du sofa qui était le plus près de la porte. « Vous n'êtes pas bien là, et nous ne pouvons avoir l'honneur de vous voir, dit alors Noureddin;

approchez-vous, je vous en supplie, et asseyez-vous auprès de madame : elle le voudra bien. » « Je ferai donc ce qui vous plaît, dit Scheich Ibrahim. » Il s'approcha, et en souriant du plaisir qu'il allait avoir d'être près d'une si belle personne, il s'assit à quelque distance de la belle Persienne. Noureddin la pria de chanter une chanson en considération de l'honneur que Scheich Ibrahim leur faisait, et elle en chanta une qui le ravit en extase.

Quand la belle Persienne eut achevé de chanter, Noureddin versa du vin dans une tasse, et présenta la tasse à Scheich Ibrahim. « Scheich Ibrahim, lui dit-il, buvez un coup à notre santé, je vous en prie. » « Seigneur, reprit-il en se retirant en arrière, comme s'il eût eu horreur de voir seulement du vin, je vous supplie de m'excuser : je vous ai déjà dit que j'ai renoncé au vin il y a long-temps. » « Puisqu'absolument vous ne voulez pas boire à notre santé, dit Nourreddin, vous aurez donc pour agréable que je boive à la vôtre. »

Pendant que Noureddin buvait, la belle

Persienne coupa la moitié d'une pomme, et en la présentant à Scheich Ibrahim : « Vous n'avez pas voulu boire, lui dit-elle ; mais je ne crois pas que vous fassiez la même difficulté de goûter de cette pomme, qui est excellente. » Scheich Ibrahim ne put la refuser d'une si belle main ; il la prit avec une inclination de tête, et la porta à la bouche. Elle lui dit quelques douceurs là-dessus, et Nourreddin cependant se renversa sur le sofa, et fit semblant de dormir. Aussitôt la belle Persienne s'avança vers Scheich Ibrahim, et en lui parlant fort bas : « Le voyez-vous, dit-elle, il n'en agit pas autrement toutes les fois que nous nous réjouissons ensemble ; il n'a pas plutôt bu deux coups, qu'il s'endort et me laisse seule ; mais je crois que vous voudrez bien me tenir compagnie pendant qu'il dormira.

La belle Persienne prit une tasse, et la remplit de vin, et en la présentant à Scheich Ibrahim : « Prenez, lui dit-elle, et buvez à ma santé, je vais vous faire raison. » Scheich Ibrahim fit de grandes difficultés, et il la pria bien fort de vouloir l'en dispenser; mais elle le pressa si vivement, que, vaincu par ses charmes et par ses instances, il prit la tasse, et but sans rien laisser.

Le bon vieillard aimait à boire le petit coup; mais il avait honte de le faire devant des gens qu'il ne connaissait pas. Il allait au cabaret en cachette comme beaucoup d'autres, et il n'avait pas pris les précautions que Noureddin lui avait enseignées pour aller acheter le vin. Il était allé le prendre sans façon chez un cabaretier où il était très-connu; la nuit lui avait servi de manteau, et il avait épargné l'argent qu'il eût dû donner à celui qu'il eût chargé de faire la commission, selon la leçon de Noureddin.

Pendant que Scheich Ibrahim, après avoir bu, achevait de manger la moitié de la pomme, la belle Persienne lui emplit une autre tasse, qu'il prit avec bien moins de difficulté: il n'en fit aucune à la troisième. Il buvait enfin la quatrième, lorsque Noureddin cessa de faire semblant de dormir; il se leva sur son séant, et en le regardant avec un grand éclat de rire:

« Ha ! ha ! Scheich Ibrahim, lui dit-il, je vous y surprends ; vous m'avez dit que vous aviez renoncé au vin, et vous ne laissez pas d'en boire ! »

Scheich Ibrahim ne s'attendait pas à cette surprise, et la rougeur lui en monta un peu au visage. Cela ne l'empêcha pas néanmoins d'achever de boire ; et quand il eut fait : « Seigneur, dit-il en riant, s'il y a péché dans ce que j'ai fait, il ne doit pas tomber sur moi, c'est sur madame : quel moyen de ne pas se rendre à tant de grâces ! »

La belle Persienne, qui s'entendait avec Noureddin, prit le parti de Scheich Ibrahim. « Scheich Ibrahim, lui dit-elle, laissez-le dire, et ne vous contraignez pas : continuez d'en boire, et réjouissez-vous. » Quelques momens après, Noureddin se versa à boire, et en versa ensuite à la belle Persienne. Comme Scheich Ibrahim vit que Noureddin ne lui en versait pas, il prit une tasse et la lui présenta : « Et moi, dit-il, prétendez-vous que je ne boive pas aussi bien que vous ? »

A ces paroles de Scheich Ibrahim,

Noureddin et la belle Persienne firent un grand éclat de rire. Noureddin lui versa à boire, et ils continuèrent de se réjouir, de rire et de boire jusqu'à près de minuit. Environ ce temps-là, la belle Persienne s'avisa que la table n'était éclairée que d'une chandelle. « Scheich Ibrahim, dit-elle au bon vieillard de concierge, vous ne nous avez apporté qu'une chandelle; et voilà tant de belles bougies! Faites-nous, je vous prie, le plaisir de les allumer, que nous y voyions clair. »

Scheich Ibrahim usa de la liberté que donne le vin, lorsqu'on en a la tête échauffée, et afin de ne pas interrompre un discours dont il entretenait Noureddin: « Allumez-les vous même, dit-il à cette belle personne; cela convient mieux à une jeunesse comme vous; mais prenez garde de n'en allumer que cinq ou six, et pour cause; cela suffira. » La belle Persienne se leva, alla prendre une bougie qu'elle vint allumer à la chandelle qui était sur la table, et alluma les quatre-vingts bougies, sans s'arrêter à ce que Scheich Ibrahim lui avait dit.

Quelque temps après, pendant que Scheich Ibrahim entretenait la belle Persienne sur un autre sujet, Noureddin à son tour le pria de vouloir bien allumer quelques lustres. Sans prendre garde que toutes les bougies étaient allumées : « Il faut, reprit Scheich Ibrahim, que vous soyez bien paresseux, ou que vous ayez moins de vigueur que moi, si vous ne pouvez les allumer vous-même. Allez, allumez-les ; mais n'en allumez que trois. » Au lieu de n'en allumer que ce nombre, il les alluma tous, et ouvrit les quatre-vingts fenêtres, à quoi Scheich Ibrahim, attaché à s'entretenir avec la belle Persienne, ne fit pas de réflexion.

Le calife Haroun Alraschid n'était pas encore retiré alors ; il était dans un salon de son palais qui avançait jusqu'au Tigre, et qui avait vue du côté du jardin et du pavillon des Peintures. Par hasard il ouvrit une fenêtre de ce côté là, et il fut extrêmement étonné de voir le pavillon tout illuminé, et d'autant plus qu'à la grande clarté, il crut d'abord que le feu était dans la ville. Le grand-visir Giafar était encore avec lui, et il n'attendait que le moment que le calife se retirât pour retourner chez lui. Le calife l'appela dans une grande colère : « Visir négligent, s'écria-t-il, viens-çà, approche-toi, regarde le pavillon des Peintures, et dis-moi pourquoi il est illuminé à l'heure qu'il est, que je n'y suis pas ! »

Le grand-visir trembla, à cette nouvelle, de la crainte qu'il eut que cela ne fût. Il s'approcha, et il trembla davantage dès qu'il eut vu que ce que le calife lui avait dit était vrai. Il fallait cependant un prétexte pour l'appaiser. « Commandeur des croyans, lui dit-il, je ne puis dire autre chose là-dessus à Votre Majesté, sinon qu'il y a quatre ou cinq jours que Scheich-Ibrahim vint se présenter à moi ; il me témoigna qu'il avait dessein de faire une assemblée des ministres de sa mosquée, pour une certaine cérémonie qu'il était bien aise de faire sous l'heureux règne de Votre Majesté. Je lui demandai ce qu'il souhaitait que je fisse pour son service en cette rencontre ; sur quoi il me supplia d'obtenir de Votre Majesté qu'i lui fût permis de faire l'assemblée et la cérémonie dans le pavillon. Je le renvoyai en lui disant qu'il le pouvait faire, et que je ne manquerais pas d'en parler à Votre Majesté : je lui demande pardon de l'avoir oublié. Scheich Ibrahim apparemment, poursuivit-il, a choisi ce jour pour la cérémonie, et en régalant les ministres de sa mosquée, il a voulu sans doute leur donner le plaisir de cette illumination. »

« Giafar, reprit le calife d'un ton qui marquait qu'il était un peu appaisé, selon ce que tu viens de me dire, tu as commis trois fautes qui ne sont point pardonnables. La première, d'avoir donné à Scheich Ibrahim la permission de faire cette cérémonie dans mon pavillon : un simple concierge n'est pas un officier assez considérable pour mériter tant d'honneur ; la seconde, de ne m'en avoir point parlé ; et la troisième, de n'avoir pas pénétré dans la véritable intention de ce bonhomme. En effet, je suis persuadé qu'il n'en n'a pas eu d'autre que de voir s'il n'obtiendrait pas une gratification pour l'aider à faire cette dépense. Tu n'y as pas songé, et je ne lui donne pas le tort de se venger de ne l'avoir pas obtenue, par la dépense plus grande de cette illumination. »

Le grand-visir Giafar, joyeux de ce que le calife prenait la chose sur ce ton, se chargea avec plaisir des fautes qu'il venait de lui reprocher, et il avoua franchement qu'il avait tort de n'avoir pas donné quelque pièces d'or à Scheich Ibrahim. » Puisque cela est ainsi, ajouta le calife en souriant, il est juste que tu sois puni de ces fautes ; mais la punition en sera légère. C'est que tu passeras le reste de la nuit, comme moi, avec ces bonnes gens, que je suis bien aise de voir. Pendant que je vais prendre un habit de bourgeois, va te déguiser de même avec Mesrour, et venez tous deux avec moi. « Le visir Giafar voulut lui représenter qu'il était tard, et que la compagnie se serait retirée avant qu'il fût arrivé ; mais il repartit qu'il voulait y aller absolument. Comme il n'était rien de ce que le visir lui avait dit, le visir fut au désespoir de cette résolution ; mais il fallait obéir, et ne pas répliquer.

Le calife sortit donc de son palais, déguisé en bourgeois, avec le grand-visir Giafar et Mesrour, chef des eunuques, et marcha par les rues de Bagdad, jusqu'à ce qu'il arriva au jardin. La porte était ouverte par la négligence de Scheich Ibrahim, qui avait oublié de la fermer en revenant d'acheter du vin. Le calife en fut scandalisé : « Giafar, dit-il au grand-visir, que veut dire que la porte est ouverte à l'heure qu'il est ? Serait-il possible que ce fût la coutume de Scheich Ibrahim de la laisser ainsi ouverte la nuit ? J'aime mieux croire que l'embarras de la fête lui a fait commettre cette faute. »

Le calife entra dans le jardin; et quand il fut arrivé au pavillon, comme il ne voulait pas monter au salon avant de savoir ce qui s'y passait, il consulta avec le grand-visir s'il ne devait pas monter sur des arbres qui en étaient plus près, pour s'en éclaircir. Mais en regardant la porte du salon, le grand-visir s'aperçut qu'elle était entr'ouverte, et l'en avertit. Scheich

Ibrahim l'avait laissée ainsi, lorsqu'il s'était laissé persuader d'entrer et de tenir compagnie à Noureddin et à la belle Persienne.

Le calife abandonna son premier dessein ; il monta à la porte du salon sans faire de bruit ; et la porte était entre ouverte, de manière qu'il pouvait voir ceux qui étaient dedans sans être vu. Sa surprise fut des plus grandes, quand il eut aperçu une dame d'une beauté sans égale, et un jeune homme des mieux faits, avec Scheich Ibrahim assis à table avec eux. Scheich Ibrahim tenait la tasse à la main : « Ma belle dame, disait-il à la belle Persienne, un bon buveur ne doit jamais boire sans chanter la chansonnette auparavant. Faites moi l'honneur de m'écouter : en voici une des plus jolies. »

Scheich Ibrahim chanta ; et le calife en fut d'autant plus étonné, qu'il avait ignoré jusqu'alors qu'il bût du vin, et qu'il l'avait cru un homme sage et posé, comme il le lui avait toujours paru. Il s'éloigna de la porte avec la même précaution qu'il s'en était approché, et vint au grand-visir

Giafar qui était sur l'escalier, quelques degrés au-dessous du perron : « Monte, lui dit-il, et vois si ceux qui sont là-dedans sont des ministres des mosquées, comme tu as voulu me le faire croire. »

Du ton dont le calife prononça ces paroles, le grand-visir connut fort bien que la chose allait mal pour lui. Il monta ; et en regardant par l'ouverture de la porte, il trembla de frayeur pour sa personne, quand il eut vu les mêmes trois personnes dans la situation et dans l'état où elles étaient. Il revint au calife tout confus, et il ne sut que lui dire. » Quel désordre, lui dit le calife, que des gens aient la hardiesse de venir se divertir dans mon jardin et dans mon pavillon ; que Scheich Ibrahim leur donne entrée, les souffre, et se divertisse avec eux ! Je ne crois pas néanmoins que l'on puisse voir un jeune homme et une jeune dame mieux faits et mieux assortis. Avant de faire éclater ma colère, je veux m'éclaircir davantage, et savoir qui ils peuvent être, et à quelle occasion ils sont ici. » Il retourna à la porte pour les observer encore ;

et le visir, qui le suivit, demeura derrière lui pendant qu'il avait les yeux sur eux. Ils entendirent l'un et l'autre que Scheich Ibrahim disait à la belle Persienne : « Mon aimable dame, y a-t-il quelque chose que vous puissiez souhaiter pour rendre notre joie de cette soirée plus accomplie ? » « Il me semble, reprit la belle Persienne, que tout irait bien, si vous aviez un instrument dont je puisse jouer, et que vous voulussiez me l'apporter. » « Madame, reprit Scheich Ibrahim, savez-vous jouer du luth ? » « Apportez, lui dit la belle Persienne, je vous le ferai voir. »

Sans aller bien loin de sa place, Scheich Ibrahim tira un luth d'une armoire, et le présenta à la belle Persienne, qui commença à le mettre d'accord. Le calife cependant se tourna du côté du grand-visir Giafar : « Giafar, lui dit-il, la jeune dame va jouer du luth : si elle joue bien, je lui pardonnerai, de même qu'au jeune homme, pour l'amour d'elle; pour toi, je ne laisserai pas de te faire pendre. » « Commandeur des croyans, reprit le grand-visir, si cela est ainsi, je prie donc Dieu qu'elle joue mal. » « Pourquoi cela ? repartit le calife. » « Plus nous serons de monde, répliqua le grand-visir, plus nous aurons lieu de nous consoler de mourir en belle et bonne compagnie. » Le calife, qui aimait les bons mots, se mit à rire de cette repartie; et en se retournant du côté de l'ouverture de la porte, il prêta l'oreille pour entendre jouer la belle Persienne.

La belle Persienne préludait déjà d'une manière qui fit comprendre d'abord au calife qu'elle jouait en maître. Elle commença ensuite de chanter un air, et elle accompagna sa voix, qu'elle avait admirable, avec le luth, et elle le fit avec tant d'art et de perfection, que le calife en fut charmé.

Dès que la belle Persienne eut achevé de chanter, le calife descendit de l'escalier, et le visir Giafar le suivit. Quand il fut au bas : « De ma vie, dit-il au visir, je n'ai entendu une plus belle voix, ni mieux jouer du luth. Isaac*, que je croyais le plus habile joueur qu'il y eût au monde, n'en approche pas. J'en suis si content, que je veux entrer pour l'entendre jouer devant moi : il s'agit de savoir de quelle manière je le ferai. »

« Commandeur des croyans, reprit le grand-visir, si vous y entrez, et que Scheich Ibrahim vous reconnaisse, il en mourra de frayeur. » « C'est aussi ce qui me fait de la peine, repartit le calife, et je serais fâché d'être cause de sa mort, après tant de temps qu'il me sert. Il me vient une pensée qui pourra me réussir : demeure ici avec Mesrour, et attendez dans la première allée que je vienne.

Le voisinage du Tigre avait donné lieu au calife d'en détourner assez d'eau, par-dessus une grande voûte bien terrassée, pour former une belle pièce d'eau, où ce qu'il y avait de plus beau poisson dans le Tigre venait se retirer. Les pêcheurs le

---

* C'était un excellent joueur de luth, qui vivait à Bagdad sous le règne de ce calife.

savaient bien, et ils eussent fort souhaité d'avoir la liberté d'y pêcher ; mais le calife avait défendu expressément à Scheich Ibrahim de souffrir qu'aucun en approchât. Cette même nuit néanmoins un pêcheur qui passait devant la porte du jardin depuis que le calife y était entré, et qui l'avait laissée ouverte comme il l'avait trouvée, avait profité de l'occasion, et s'était coulé dans le jardin jusqu'à la pièce d'eau.

Ce pêcheur avait jeté ses filets, et il était près de les tirer au moment où le calife, qui, après la négligence de Scheich Ibrahim, s'était douté de ce qui était arrivé, et voulait profiter de cette conjoncture pour son dessein, vint au même endroit. Nonobstant son déguisement, le pêcheur le reconnut, et se jeta aussitôt à ses pieds en lui demandant pardon, et en s'excusant sur sa pauvreté. « Relève-toi, et ne crains rien, reprit le calife, tire seulement tes filets, que je voie le poisson qu'il y aura. »

Le pêcheur, rassuré, exécuta promptement ce que le calife souhaitait, et il amena cinq ou six beaux poissons, dont le calife choisit les deux plus gros, qu'il fit attacher ensemble par la tête avec un brin d'arbrisseau. Il dit ensuite au pêcheur : « Donne-moi ton habit, et prends le mien. » L'échange se fit en peu de momens; et dès que le calife fut habillé en pêcheur, jusqu'à la chaussure et au turban : « Prends tes filets, dit-il au pêcheur, et va faire tes affaires. »

Quand le pêcheur fut parti fort content de sa bonne fortune, le calife prit les deux poissons à la main, et alla retrouver le grand-visir Giafar et Mesrour. Il s'arrêta devant le grand-visir, et le grand-visir ne le reconnut pas. « Que demandes-tu ? lui dit-il; va, passe ton chemin. » Le calife se mit aussitôt à rire, et le grand-visir le reconnut. « Commandeur des croyans, s'écria-t-il, est-il possible que ce soit vous ? Je ne vous reconnaissais pas, et je vous demande mille pardons de mon incivilité. Vous pouvez entrer présentement dans le salon, sans craindre que Scheich Ibrahim vous reconnaisse. » « Restez donc encore ici, lui dit-il et à Mesrour, pendant que je vais faire mon personnage. »

Le calife monta au salon, et frappa à la porte. Noureddin, qui l'entendit le premier, en avertit Scheich Ibrahim ; et Scheich Ibrahim demanda qui c'était. Le calife ouvrit la porte ; et en avançant seulement un pas dans le salon pour se faire voir. « Scheich Ibrahim, répondit-il, je suis le pêcheur Kerim : comme je me suis aperçu que vous régaliez de vos amis, et que j'ai pêché deux beaux poissons dans le moment, je viens vous demander si vous n'en avez pas besoin. »

Noureddin et la belle Persienne furent ravis d'entendre parler de poisson. « Scheich Ibrahim, dit aussitôt la belle Persienne, je vous prie, faites-nous le plaisir de le faire entrer, que nous voyions son poisson. » Scheich Ibrahim n'était plus en état de demander au prétendu pêcheur comment ni par où il était venu ; il songea seulement à plaire à la belle Persienne. Il tourna donc la tête du côté de la porte avec bien de la peine, tant il avait bu, et dit en bégayant au calife, qu'il prenait pour un pêcheur :

« Approche, bon voleur de nuit, approche, qu'on te voie. »

Le calife s'avança en contrefaisant parfaitement bien toutes les manières d'un pêcheur, et présenta les deux poissons. « Voilà de fort beaux poissons, dit la belle Persienne; j'en mangerais volontiers, s'ils étaient cuits et bien accommodés. » « Madame a raison, reprit Scheich Ibrahim, que veux-tu que nous fassions de ton poisson, s'il n'est accommodé ? Va, accommode-le toi-même, et apporte-le-nous : tu trouveras de tout dans ma cuisine. »

Le calife revint trouver le grand-visir Giafar : « Giafar, lui dit-il, j'ai été fort bien reçu ; mais ils demandent que le poisson soit accommodé. « Je vais l'accommoder, reprit le grand-visir; cela sera fait dans un moment. » « J'ai si fort à cœur, repartit le calife, de venir à bout de mon dessein, que j'en prendrai bien la peine moi-même. Puisque je fais si bien le pêcheur, je puis bien faire aussi le cuisinier : je me suis mêlé de la cuisine dans ma jeunesse; et je ne m'en suis pas mal acquitté. » En disant ces paroles, il avait pris le chemin du logement de Scheich Ibrahim, et le grand-visir et Mesrour le suivaient.

Ils mirent la main à l'œuvre tous trois; et quoique la cuisine de Scheich Ibrahim ne fût pas grande, comme néanmoins il n'y manquait rien des choses dont ils avaient besoin, ils eurent bientôt accommodé le plat de poisson. Le calife le porta; et en le servant, il mit aussi un cirion devant chacun, afin qu'ils s'en servissent, s'ils le souhaitaient. Ils mangèrent d'un grand appétit, Noureddin et la belle Persienne particulièrement; et le calife demeura debout devant eux.

Quand ils eurent achevé, Noureddin regarda le calife : « Pêcheur lui dit-il, on ne peut pas manger de meilleur poisson, et tu nous a fait le plus grand plaisir du monde. » Il mit la main dans son sein en même temps, et il en tira sa bourse, où il y avait trente pièces d'or, le reste des quarante que Sangiar, huissier du roi de Balsora, lui avait données avant son départ. « Prends, lui dit-il; je t'en donnerais davantage si j'en avais : je t'eusse mis à l'abri de la pauvreté, si je t'eusse connu avant que j'eusse dépensé mon patrimoine; ne laisse pas de le recevoir d'aussi bon cœur que si le présent était beaucoup plus considérable. »

Le calife prit la bourse; et en remerciant Noureddin, comme il sent t que c'était de l'or qui était dedans: « Seigneur, lui dit-il, je ne puis assez vous remercier de votre libéralité. On est bien heureux d'avoir affaire à d'honnêtes gens comme vous; mais avant de me retirer, j'ai une prière à vous faire, que je vous supplie de m'accorder. Voilà un luth qui me fait connaître que madame en sait jouer. Si vous pouviez obtenir d'elle qu'elle me fît la grâce de jouer un air, je m'en retournerais le plus content du monde: c'est un instrument que j'aime passionnément. »

« Belle Persienne, dit aussitôt Noureddin en s'adressant à elle, je vous demande cette grâce; j'espère que vous ne me refuserez pas. » Elle prit le luth; et après l'avoir accordé en peu de momens, elle joua et chanta un air qui enleva le calife. En achevant, elle continua de jouer sans chanter; et elle le fit avec tant de force et d'agrément, qu'il fut ravi comme en extase.

Quand la belle Persienne eut cessé de jouer : « Ah! s'écria le calife, quelle voix! quelle main et quel jeu! A-t-on jamais mieux chanté, mieux joué du luth! Jamais on n'a rien vu ni entendu de pareil ! »

Noureddin, accoutumé de donner ce qui lui appartenait à tout ceux qui en faisaient les louanges : « Pêcheur, reprit-il je vois bien que tu t'y connais; puisqu'elle te plaît si fort, c'est à toi, et je t'en fais présent. » En même temps il se leva, prit sa robe qu'il avait quittée, et il voulut partir, et laisser le calife, qu'il ne connaissait que pour un pêcheur, en possession de la belle Persienne.

La belle Persienne, extrêmement étonnée de la libéralité de Noureddin, le retint : « Seigneur, lui dit-elle en le regardant tendrement, où prétendez-vous donc aller? Remettez-vous à votre place, je vous en supplie, et écoutez ce que je vais jouer et chanter. » Il fit ce qu'elle souhaitait ; et alors, en touchant le luth, et en le regardant les larmes aux yeux, elle chanta des vers qu'elle fit sur-le-champ, et elle lui reprocha vivement le peu d'amour qu'il avait pour elle, puisqu'il l'abandonnait si facilement à Kerim, et avec tant de dureté; elle voulait dire, sans s'expliquer davantage, à un pêcheur tel que Kerim, qu'elle ne connaissait pas pour le calife, non plus que lui. En achevant, elle posa le luth près d'elle, et porta son mouchoir au visage pour cacher ses larmes qu'elle ne pouvait retenir.

Noureddin ne répondit pas un mot à ces reproches, et il marqua par son silence qu'il ne se repentait pas de la donation qu'il avait faite. Mais le calife, surpris de ce qu'il venait d'entendre, lui dit : « Seigneur, à ce que je vois, cette dame si belle, si rare, si admirable, dont vous venez de me faire présent avec tant de générosité, est votre esclave, et vous êtes son maître ? » « Cela est vrai, Kerim, reprit Noureddin, et tu serais beaucoup plus étonné que tu ne le parais, si je te racontais toutes les disgrâces qui me sont arrivées à son occasion. » « Eh, de grâce, Seigneur, repartit le calife, en s'acquittant toujours fort bien du personnage du pêcheur, obligez-moi de me faire part de son histoire. »

Noureddin, qui venait de faire pour lui d'autres choses de plus grande conséquence, quoiqu'il ne le regardât que comme pêcheur, voulut bien avoir encore cette complaisance. Il lui raconta toute son histoire, à commencer par l'achat que le visir son père avait fait de la belle Persienne pour le roi de Balsora, et n'omit rien de ce qu'il avait fait, et de tout ce qui lui était arrivé, jusqu'à son arrivée à Bagdad avec elle, et jusqu'au moment où il lui parlait.

Quand Noureddin eut achevé : « Et présentement où allez-vous ? demanda le calife. » « Où je vais ? répondit-il ; où Dieu me conduira. » « Si vous me croyez, reprit le calife, vous n'irez pas plus loin : il faut au contraire que vous retourniez à Balsora. Je vais vous donner un mot de lettre que vous donnerez au Roi de ma part ; vous verrez qu'il vous recevra fort bien, dès qu'il l'aura lue, et que personne ne vous dira mot. »

« Kerim, repartit Noureddin, ce que

tu me dis est bien singulier : jamais on n'a dit qu'un pêcheur comme toi eût eu correspondance avec un Roi. » « Cela ne doit pas vous étonner, répliqua le calife : nous avons fait nos études ensemble sous les mêmes maîtres, et nous avons toujours été les meilleurs amis du monde. Il est vrai que la fortune ne nous a pas été également favorable ; elle l'a fait Roi, et moi pêcheur ; mais cette inégalité n'a pas diminué notre amitié. Il a voulu me tirer hors de mon état avec tous les empressemens imaginables. Je me suis contenté de la considération qu'il a de ne me rien refuser de tout ce que je lui demande pour le service de mes amis ; laissez-moi faire, et vous en verrez le succès. »

Noureddin consentit à ce que le calife voulut. Comme il y avait dans le salon tout ce qu'il fallait pour écrire, le calife écrivit cette lettre au roi de Balsora, au haut de laquelle, presque sur l'extrémité du papier, il ajouta cette formule en très-petits caractères : AU NOM DE DIEU TRÈS-MISÉRICORDIEUX, pour marquer qu'il voulait être obéi absolument.

LETTRE

DU CALIFE HAROUN ALRASCHID AU ROI DE BALSORA.

« Haroun Alraschid, fils de Mahdi, « envoie cette lettre à Mohammed Zinibi, « son cousin. Dès que Noureddin, fils du « visir Khacan, porteur de cette lettre, te « l'aura rendue, et que tu l'auras lue, à « l'instant dépouille-toi du manteau royal, « mets-le-lui sur les épaules, et le fais « asseoir à ta place, et n'y manque pas. « Adieu. »

Le calife plia et cacheta la lettre; et sans dire à Noureddin ce qu'elle contenait : « Tenez, lui dit-il, et allez vous embarquer incessamment sur un bâtiment qui va partir bientôt, comme il en part un chaque jour à la même heure; vous dormirez quand vous serez embarqué. » Noureddin prit la lettre, et partit avec le peu d'argent qu'il avait sur lui quand l'huissier Sangiar lui avait donné sa bourse; et la belle Persienne, inconsolable de son départ, se retira à part sur le sofa, et fondit en pleurs.

A peine Noureddin était sorti du salon, que Scheich Ibrahim, qui avait gardé le silence pendant tout ce qui venait de se passer, regarda le calife, qu'il prenait toujours pour le pêcheur Kerim : « Écoute, Kerim, lui dit-il, tu nous es venu apporter ici deux poissons qui valent bien vingt pièces de monnaie de cuivre au plus, et pour cela on t'a donné une bourse et une esclave ; penses-tu que tout cela sera pour toi ? Je te déclare que je veux avoir l'esclave par moitié. Pour ce qui est de la bourse, montre-moi ce qu'il y a dedans : si c'est de l'argent, tu en prendras une pièce pour toi ; et si c'est de l'or, je te prendrai tout, et je te donnerai quelques pièces de cuivre qui me restent dans ma bourse. »

Pour bien entendre ce qui va suivre, dit ici Scheherazade en s'interrompant, il est à remarquer qu'avant de porter au salon le plat de poisson accommodé, le calife avait chargé le grand-visir Giafar d'aller en diligence jusqu'au palais, pour lui amener quatre valets-de-chambre avec un habit, et de venir attendre de l'autre côté du pavillon, jusqu'à ce qu'il frappât des mains par une des fenêtres. Le grand-visir s'était acquitté de cet ordre ; et lui et Mesrour, avec les quatre valets-de-chambre, attendaient au lieu marqué qu'il donnât le signal.

Je reviens à mon discours, ajouta la Sultane. Le calife, toujours sous le personnage du pêcheur, répondit hardiment à Scheich Ibrahim : « Scheich Ibrahim, je ne sais pas ce qu'il y a dans la bourse : argent ou or, je le partagerai avec vous par moitié de très-bon cœur ; pour ce qui est de l'esclave, je veux l'avoir à moi seul. Si vous ne voulez pas vous en tenir aux conditions que je vous propose, vous n'aurez rien. »

Scheich Ibrahim, emporté de colère à cette insolence, comme il la regardait dans un pêcheur à son égard, prit une des porcelaines qui étaient sur la table, et la jeta à la tête du calife. Le calife n'eut pas de peine à éviter la porcelaine jetée par un homme pris de vin : elle alla donner contre le mur, où elle se brisa en plusieurs morceaux. Scheich Ibrahim, plus emporté qu'auparavant, après avoir manqué son coup, prend la chandelle qui était sur la table, se lève en chancelant, et descend par un escalier dérobé pour aller chercher une canne.

Le calife profita de ce temps-là, et frappa des mains à une des fenêtres. Le grand-visir, Mesrour et les quatre valets-de-chambre furent à lui en un moment, et les valets-de-chambre lui eurent bientôt ôté l'habit de pêcheur, et mis celui qu'ils lui avaient apporté. Ils n'avaient pas encore achevé, et ils étaient occupés autour du calife qui était assis sur le trône qu'il avait dans le salon, que Scheich Ibrahim, animé par l'intérêt, rentra avec une grosse canne à la main, dont il se promettait de bien régaler le prétendu pêcheur. Au lieu de le rencontrer des yeux, il aperçut son habit au milieu du salon, et il vit le calife assis sur son trône, avec le grand-visir et Mesrour à ses côtés. Il s'arrêta à ce spectacle, et douta s'il était éveillé ou s'il dormait. Le calife se mit à rire de son étonnement : « Scheich

Ibrahim, lui dit-il, que veux-tu? que cherches-tu? »

Scheich Ibrahim, qui ne pouvait plus douter que ce ne fût le calife, se jeta aussitôt à ses pieds, la face et sa longue barbe contre terre. « Commandeur des croyans, s'écria-t-il, votre vil esclave vous a offensé; il implore votre clémence, et vous en demande mille pardons. » Comme les valets-de-chambre eurent achevé de l'habiller en ce moment, il lui dit en descendant de son trône: « Lève-toi, je te pardonne. »

Le calife s'adressa ensuite à la belle Persienne, qui avait suspendu sa douleur dès qu'elle se fut aperçue que le jardin et le pavillon appartenaient à ce prince, et non pas à Scheich Ibrahim, comme Scheich Ibrahim l'avait dissimulé, et que c'était lui-même qui s'était déguisé en pêcheur. « Belle Persienne, lui dit-il, levez-vous et suivez-moi. Vous devez connaître ce que je suis, après ce que vous venez de voir, et que je ne suis pas d'un rang à me prévaloir du présent que Noureddin m'a fait de votre personne avec une générosité qui n'a point de pareille. Je l'ai envoyé à Balsora pour y être Roi, et je vous y enverrai pour être Reine, dès que je lui aurai fait tenir les dépêches nécessaires pour son établissement. Je vais, en attendant, vous donner un appartement dans mon palais, où vous serez traitée selon votre mérite. »

Ce discours rassura et consola la belle Persienne par un endroit bien sensible; et elle se dédommagea pleinement de son affliction, par la joie d'apprendre que Noureddin, qu'elle aimait passionnément, venait d'être élevé à une si haute dignité. Le calife exécuta la parole qu'il venait de lui donner : il la recommanda même à Zobéïde, sa femme, après qu'il lui eut fait part de la considération qu'il venait d'avoir pour Noureddin.

Le retour de Noureddin à Balsora fut plus heureux et plus avancé de quelques jours qu'il n'eût été à souhaiter pour son bonheur. Il ne vit ni parent ni ami en arrivant; il alla droit au palais du Roi, et le Roi donnait audience. Il fendit la presse en tenant la lettre, la main levée; on lui fit place, et il la présenta. Le Roi la reçut, l'ouvrit, et changea de couleur en la lisant. Il la baisa par trois fois; et il allait exécuter l'ordre du calife, lorsqu'il s'avisa de la montrer au visir Saouy, ennemi irréconciliable de Noureddin.

Saouy, qui avait reconnu Noureddin, et qui cherchait en lui-même avec grande inquiétude à quel dessein il était venu, ne fut pas moins surpris que le Roi de l'ordre que la lettre contenait. Comme il n'y était pas moins intéressé, il imagina en un moment le moyen d'éluder. Il fit semblant de ne l'avoir pas bien lue; et pour la lire une seconde fois, il se tourna un peu de côté, comme pour chercher un meilleur jour. Alors, sans que personne s'en aperçût et sans qu'il y parût, à moins de regarder de bien près, il arracha adroitement la formule du haut de la lettre, qui marquait que le calife voulait être obéi absolument, la porta à la bouche et l'avala.

Après une si grande méchanceté, Saouy se tourna du côté du Roi, lui rendit la lettre; et en parlant bas : « Hé bien, Sire, lui demanda-t-il, quelle est l'intention de Votre Majesté ?» « De faire ce que le calife me commande, répondit le Roi. » « Gardez-vous-en bien, Sire, reprit le méchant visir; c'est bien là l'écriture du calife, mais la formule n'y est pas. » Le Roi l'avait fort bien remarquée; mais dans le trouble où il était, il s'imagina qu'il s'était trompé quand il ne la vit plus.

« Sire, continua le visir, il ne faut pas douter que le calife n'ait accordé cette lettre à Noureddin, sur les plaintes qu'il lui est allé faire contre Votre Majesté et contre moi, pour se débarrasser de lui; mais il n'a pas entendu que vous exécutiez ce qu'elle contient. De plus, il est à considérer qu'il n'a pas envoyé un exprès avec la patente, sans quoi elle est inutile. On ne dépose pas un Roi comme Votre Majesté, sans cette formalité : un autre que Noureddin pourrait venir de même avec une fausse lettre; cela ne s'est jamais pratiqué. Sire, Votre Majesté peut s'en reposer sur ma parole, et je prends sur moi tout le mal qui peut en arriver. »

Le roi Zinebi se laissa persuader, et

abandonna Noureddin à la discrétion du visir Saouy, qui l'emmena chez lui avec main-forte. Dès qu'il fut arrivé, il lui fit donner la bastonnade, jusqu'à ce qu'il demeurât comme mort; et dans cet état il le fit porter en prison, où il demanda qu'on le mît dans le cachot le plus obscur et le plus profond, avec ordre au geolier de ne lui donner que du pain et de l'eau.

Quand Noureddin, meurtri de coups, fut revenu à lui, et qu'il se vit dans ce cachot, il poussa des cris pitoyables en déplorant son malheureux sort : Ah, pêcheur ! s'écria-t-il, que tu m'as trompé, et que j'ai été facile à te croire ! Pouvais-je m'attendre à une destinée si cruelle, après le bien que je t'ai fait! Dieu te bénisse néanmoins ; je ne puis croire que ton intention ait été mauvaise, et j'aurai patience jusqu'à la fin de mes maux. »

L'affligé Noureddin demeura dix jours entiers dans cet état, et le visir Saouy n'oublia pas qu'il l'y avait fait mettre. Résolu à lui faire perdre la vie honteusement, il n'osa l'entreprendre de son autorité. Pour réussir dans son pernicieux dessein, il chargea plusieurs de ses esclaves de riches présens, et alla se présenter au Roi à leur tête : « Sire, lui dit-il avec une malice noire, voilà ce que le nouveau Roi supplie Votre Majesté de vouloir bien agréer à son avénement à la couronne. »

Le Roi comprit ce que Saouy voulait lui faire entendre. Quoi ! reprit-il, ce malheureux vit-il encore ? Je croyais que tu l'avais fait mourir. » « Sire, repartit Saouy, ce n'est pas à moi qu'il appartient de faire ôter la vie à personne ; c'est à Votre Majesté. » « Va, répliqua le Roi, fais-lui couper le cou, je t'en donne la permission. » « Sire, dit alors Saouy, je suis infiniment obligé à Votre Majesté de la justice qu'elle me rend. Mais comme Noureddin m'a fait si publiquement l'affront qu'elle n'ignore pas, je lui demande en grâce de vouloir bien que l'exécution s'en fasse devant le palais, et que les crieurs aillent l'annoncer dans tous les quartiers de la ville, afin que personne n'ignore que l'offense qu'il m'a faite aura été pleinement réparée. » Le Roi lui accorda ce qu'il lui demandait ; et les crieurs, en faisant leur devoir, répandirent une tristesse générale dans toute la ville. La mémoire toute récente des vertus du père fit qu'on n'apprit qu'avec indignation qu'on allait faire mourir le fils ignominieusement, à la sollicitation et par la méchanceté du visir Saouy.

Saouy alla en prison en personne, accompagné d'une vingtaine de ses esclaves, ministres de sa cruauté. On lui amena Noureddin, et il le fit monter sur un méchant cheval sans selle. Dès que Noureddin se vit livré entre les mains de son ennemi : « Tu triomphes, lui dit-il, et tu abuses de ta puissance ; mais j'ai confiance dans la vérité de ces paroles d'un de nos livres : « Vous jugez injustement, et dans peu vous serez jugé vous-même. »

Le visir Saouy, qui triomphait véritablement en lui-même : « Quoi, insolent! reprit-il, tu oses m'insulter encore! Va, je te le pardonne; il arrivera ce qu'il pourra, pourvu que je t'aie vu couper le cou à la vue de tout Balsora. Tu dois savoir aussi ce que dit un autre de nos livres : « Qu'importe de mourir le

« lendemain de la mort de son ennemi ? »

Ce ministre, implacable dans sa haine et dans son inimitié, environné d'une partie de ses esclaves armés, fit conduire Noureddin devant lui par les autres, et prit le chemin du palais. Le peuple fut sur le point de se jeter sur lui; et il l'eût lapidé, si quelqu'un eût commencé de donner l'exemple. Quand il l'eut mené jusqu'à la place du palais, à la vue de l'appartement du Roi, il le laissa entre les mains du bourreau, et il alla se rendre près du Roi, qui était déjà dans son cabinet, prêt à repaître ses yeux avec lui du sanglant spectacle qui se préparait.

La garde du Roi et les esclaves du visir Saouy, qui faisaient un grand cercle autour de Noureddin, eurent beaucoup de peine à contenir la populace, qui faisait tous les efforts possibles, mais inutilement, pour les forcer, les rompre et l'enlever. Le bourreau s'approcha de lui, « Seigneur, lui dit-il, je vous supplie de me pardonner votre mort; je ne suis qu'un esclave, et je ne puis me dispenser de faire mon devoir : à moins que vous n'ayez besoin de quelque chose, mettez-vous, s'il vous plaît, en état, le Roi va me commander de frapper. »

« Dans ce moment si cruel, quelque personne charitable, dit le désolé Noureddin en tournant la tête à droite et à gauche, ne voudrait-elle pas me faire la grâce de m'apporter de l'eau pour étancher ma soif? » On en apporta un vase à l'instant, que l'on fit passer jusqu'à lui de main en main. Le visir Saouy, qui s'aperçut de ce retardement, cria au bourreau, de la fenêtre du cabinet du Roi où il était : « Qu'attends-tu ? Frappe. » A ces paroles barbares et pleines d'inhumanité, toute la place retentit de vives imprécations contre lui; et le Roi, jaloux de son autorité, n'approuva pas cette hardiesse en sa présence, comme il le fit paraître en criant que l'on attendît. Il en eut une autre raison : c'est qu'en ce moment il leva les yeux vers une grande rue qui était devant lui, et qui aboutissait à la place, et quil aperçut au milieu une troupe de cavaliers qui accouraient à toute bride. « Visir, dit-il aussitôt à Saouy, qu'est-ce que cela ? Regarde. » Saouy, qui se douta de ce que ce pouvait être, pressa le Roi de donner le signal au bourreau. « Non, reprit le Roi ; je veux savoir auparavant qui sont ces cavaliers. » C'était le grand-visir Giafar avec sa suite, qui venait de Bagdad en personne, de la part du calife.

Pour savoir le sujet de l'arrivée de ce ministre à Balsora, nous remarquerons qu'après le départ de Noureddin avec la lettre du calife, le calife ne s'était pas souvenu le lendemain, ni même plusieurs jours après, d'envoyer un exprès avec la patente dont il avait parlé à la belle Persienne. Il était dans le palais intérieur, qui était celui des femmes, et en passant devant un appartement, il entendit une très-belle voix ; il s'arrêta, et il n'eut pas plutôt entendu quelques paroles qui marquaient la douleur pour une absense, qu'il demanda à un officier des eunuques qui le suivait, qui était la femme qui demeurait dans l'appartement. L'officier répondit que c'était l'esclave du jeune seigneur qu'il avait envoyé à Balsora pour être Roi à la place de Mohammed Zinebi.

« Ah! pauvre Noureddin, fils de Khacan, s'écria aussitôt le calife, je t'ai bien oublié! Vite, ajouta-t-il, qu'on me fasse venir Giafar incessamment. » Ce ministre arriva. « Giafar, lui dit le calife, je ne me suis pas souvenu d'envoyer la patente pour faire reconnaître Noureddin roi de Balsora. Il n'y a pas de temps pour la faire expédier; prends du monde et des chevaux, et rends-toi à Balsora en diligence. Si Noureddin n'est plus au monde, et qu'on l'ait fait mourir, fais pendre le visir Saouy; s'il n'est pas mort, amène-le-moi avec le Roi et ce visir. »

Le grand-visir Giafar ne se donna que le temps qu'il fallait pour monter à cheval, et il partit aussitôt avec un bon nombre d'officiers de sa maison. Il arriva à Balsora de la manière et dans le temps que nous avons remarqué. Dès qu'il entra dans la place, tout le monde s'écarta pour lui faire place, en criant grâce pour Noureddin, et il entra dans le palais du même train jusqu'à l'escalier, où il mit pied à terre.

Le roi de Balsora, qui avait reconnu le premier ministre du calife, alla au-devant de lui, et le reçut à l'entrée de son appartement, le grand visir demanda d'abord si Noureddin vivait encore, et s'il vivait, qu'on le fît venir. Le Roi répondit qu'il vivait, et donna ordre qu'on l'amenât. Comme il parut bientôt, mais lié et garrotté, il le fit délier et mettre en liberté, et commanda qu'on s'assurât du visir Saouy, et qu'on le liât des mêmes cordes.

Le grand-visir Giafar ne coucha qu'une nuit à Balsora; il repartit le lendemain, et, selon l'ordre qu'il avait, il amena avec lui Saouy, le roi de Balsora et Noureddin. Quand il fut arrivé à Bagdad, il les présenta au calife, et après qu'il lui eut rendu compte de son voyage, et particulièrement de l'état où il avait trouvé Noureddin, et du traitement qu'on lui avait fait par le conseil et l'animosité de Saouy, le calife proposa à Noureddin de couper la tête lui-même au visir Saouy. « Commandeur des croyans, reprit Noureddin, quelque mal que m'ait fait ce méchant homme, et qu'il ait tâché de faire à feu mon père, je m'estimerais le plus infâme de tous les hommes, si j'avais trempé mes mains dans son sang. » Le calife lui sut bon gré de sa générosité, et il fit faire cette justice par la main du bourreau.

Le calife voulut envoyer Noureddin à Balsora pour y régner; mais Noureddin le supplia de vouloir l'en dispenser. » Commandeur des croyans, reprit-il, la ville de Balsora me sera désormais dans une aversion si grande, après ce qui m'y est arrivé, que j'ose supplier Votre Majesté d'avoir pour agréable que je tienne le serment que j'ai fait de n'y retourner de ma vie. Je mettrais toute ma gloire à lui rendre mes services près de sa personne, si elle avait la bonté de m'en accorder la grâce. » Le calife le mit au nombre de ses courtisans les plus intimes, lui rendit la belle Persienne, et lui fit de si grands biens, qu'ils vécurent ensemble jusqu'à la mort, avec tout le bonheur qu'ils pouvaient souhaiter.

Pour ce qui est du roi de Balsora, le calife se contenta de lui avoir fait connaître combien il devait être attentif au choix qu'il faisait des visirs, et le renvoya dans son royaume.

HISTOIRE

DE BEDER, PRINCE DE PERSE, ET DE GIAUHARE, PRINCESSE DU ROYAUME DE SAMANDAL.

La Perse est une partie de la terre de si grande étendue, que ce n'est pas sans raison que ses anciens Rois ont porté le titre superbe de Rois des Rois. Autant qu'il y a de provinces, sans parler de tous les autres royaumes qu'ils avaient conquis, autant il y avait de Rois. Ces Rois ne leur payaient pas seulement de gros tributs, ils étaient même aussi soumis que les gouverneurs le sont aux Rois de tous les autres royaumes.

Un de ces Rois, qui avait commencé son règne par d'heureuses et de grandes conquêtes, régnait, il y avait de longues années, avec un bonheur et une tranquillité qui le rendaient le plus satisfait de tous les monarques. Il n'y avait qu'un seul endroit par où il s'estimait malheureux, c'est qu'il était fort âgé, et que de toutes ses femmes, il n'y en avait pas une qui lui eût donné un prince pour lui succéder après sa mort. Il en avait cependant plus de cent, toutes logées magnifiquement et séparément, avec des femmes esclaves pour les servir, et des eunuques pour les garder. Malgré tous ses soins à les rendre contentes et à prévenir leurs désirs, aucune ne remplissait son attente. On lui en amenait souvent des pays les plus éloignés, et il ne se contentait pas de les payer, sans faire de prix, dès qu'elles lui agréaient, il comblait encore les marchands d'honneurs, de bienfaits et de bénédictions pour en attirer d'autres, dans l'espérance qu'enfin il aurait un fils de quelqu'une. Il n'y avait pas aussi de bonnes œuvres qu'il ne fît pour fléchir le Ciel. Il faisait des aumônes immenses aux pauvres, de grandes largesses aux plus dévots de sa religion, et de nouvelles fondations toutes royales en leur faveur, afin d'obtenir, par leurs prières, ce qu'il souhaitait si ardemment.

Un jour que, selon la coutume pratiquée tous les jours par les Rois ses prédécesseurs, lorsqu'ils étaient de résidence dans leur capitale, il tenait l'assemblée de ses courtisans, où se trouvaient tous les ambassadeurs et tous les étrangers de distinction qui étaient à sa Cour, où l'on s'entretenait, non pas de nouvelles qui regardaient l'Etat, mais de sciences, d'histoire, de littérature, de poésie et de toute autre chose capable de récréer l'esprit agréablement ; ce jour-là, dis-je, un eunuque vint lui annoncer qu'un marchand, qui venait d'un pays très-éloigné avec une esclave qu'il lui amenait, demandait la permission de la lui faire voir. « Qu'on le fasse entrer et qu'on le place, dit le Roi, je lui parlerai après l'assemblée. » On introduisit le marchand, et on le plaça dans un endroit d'où il pouvait voir le Roi à son aise, et l'entendre parler familièrement avec ceux qui étaient le plus près de sa personne.

Le Roi en usait ainsi avec tous les étrangers qui devaient lui parler ; il le faisait exprès, afin qu'ils s'accoutumassent à le voir, et qu'en le voyant parler aux uns et aux autres avec familiarité et avec bonté, ils prissent la confiance de lui parler de même, sans se laisser surprendre par l'éclat et la grandeur dont il était environné, capable d'ôter la parole à ceux qui n'y auraient pas été accoutumés. Il le pratiquait même à l'égard des ambassadeurs : d'abord il mangeait avec eux, et pendant le repas, il s'informait de leur santé, de leur voyage et des particularités de leur pays. Cela leur donnait de l'assurance auprès de sa personne, et ensuite il leur donnait audience.

Quand l'assemblée fut finie, que tout le monde se fut retiré, et qu'il ne resta plus que le marchand, le marchand se prosterna devant le trône du Roi, la face contre terre, et lui souhaita l'accomplissement de tous ses désirs. Dès qu'il se fut relevé, le Roi lui demanda s'il était vrai qu'il lui eût amené une esclave comme on le lui avait dit, et si elle était belle.

« Sire, répondit le marchand, je ne doute pas que Votre Majesté n'en ait de très-belles, depuis qu'on lui en cherche dans tous les endroits du monde avec tant de soin ; mais je puis assurer, sans crainte de trop priser ma marchandise, qu'elle n'en a pas encore vu une qui puisse entrer en concurrence avec elle, si l'on considère sa beauté, sa belle taille, ses agrémens et toutes les perfections dont elle est partagée. » « Où est-elle ? reprit le Roi ; amène-la-moi. » « Sire, reprit le marchand, je l'ai laissée entre les mains d'un officier de vos eunuques ; Votre Majesté peut commander qu'on la fasse venir. »

On amena l'esclave, et dès que le Roi la vit, il en fut charmé, à la considérer seulement par sa taille belle et dégagée. Il entra aussitôt dans un cabinet, où le marchand le suivit avec quelques eunuques. L'esclave avait un voile de satin rouge rayé d'or, qui lui cachait le visage. Le marchand le lui ôta, et le roi de Perse vit une dame qui surpassait en beauté toutes celles qu'il avait alors et qu'il avait jamais eues. Il en devint passionnément amoureux dès ce moment, et il demanda au marchand combien il la voulait vendre.

« Sire, répondit le marchand, j'en ai donné mille pièces d'or à celui qui me l'a vendue, et je compte que j'en ai déboursé autant depuis trois ans que je suis en voyage pour arriver à votre Cour. Je me garderai bien de la mettre à prix à un si grand monarque : je supplie Votre Majesté de la recevoir en présent, si elle lui agrée. » « Je te suis obligé, reprit le Roi ; ce n'est pas ma coutume d'en user ainsi avec les marchands qui viennent de si loin dans la vue de me faire plaisir : je vais te faire compter dix mille pièces d'or. Seras-tu content ? »

« Sire, repartit le marchand, je me fusse estimé très-heureux, si Votre Majesté eût bien voulu l'accepter pour rien ; mais je n'ose refuser une si grande libéralité. Je ne manquerai pas de la publier dans mon pays et dans tous les lieux par où je passerai. » La somme lui fut comptée, et avant qu'il se retirât, le Roi le fit revêtir en sa présence d'une robe de brocart d'or.

Le Roi fit loger la belle esclave dans l'appartement le plus magnifique après le sien, et lui assigna plusieurs matrones et autres femmes esclaves pour la servir, avec ordre de lui faire prendre le bain, de l'habiller d'un habit le plus magnifique qu'elles pussent trouver, et de se faire apporter les plus beaux colliers de perles et les diamans les plus fins, et autres pierreries les plus riches, afin qu'elle choisît elle-même ce qui lui conviendrait le mieux.

Les matrones officieuses, qui n'avaient autre attention que de plaire au Roi, furent elles-mêmes ravies en admiration de la beauté de l'esclave. Comme elles s'y connaissaient parfaitement bien : « Sire, lui dirent-elles, si Votre Majesté a la patience de nous donner seulement trois jours, nous nous engageons à la lui faire voir alors si fort au-dessus de ce qu'elle est présentement, qu'elle ne la reconnaîtra plus. » Le Roi eut bien de la peine à se priver si long-temps du plaisir de la posséder entièrement : « Je le veux bien, reprit-il ; mais à la charge que vous me tiendrez votre promesse. »

La capitale du roi de Perse était située dans une île, et son palais, qui était très-superbe, était bâti sur le bord de la mer.

Comme son appartement avait vue sur cet élément, celui de la belle esclave, qui n'était pas éloigné du sien, avait aussi la même vue; et elle était d'autant plus agréable, que la mer battait presque au pied des murailles.

Au bout de trois jours, la belle esclave, parée et ornée magnifiquement, était seule dans sa chambre, assise sur un sofa, et appuyée à une des fenêtres qui regardaient la mer, lorsque le Roi, averti qu'il pouvait la voir, y entra. L'esclave, qui entendit que l'on marchait dans sa chambre d'un autre air que les femmes qui l'avaient servie jusqu'alors, tourna aussitôt la tête pour voir qui c'était. Elle reconnut le Roi; mais sans en témoigner la moindre surprise, sans même se lever pour lui faire civilité et pour le recevoir, comme s'il eût été la personne du monde la plus indifférente, elle se remit à la fenêtre comme auparavant.

Le roi de Perse fut extrêmement étonné de voir qu'une esclave si belle et si bien faite sût si peu ce que c'était que le monde. Il attribua ce défaut à la mauvaise éducation qu'on lui avait donnée, et au peu de soin qu'on avait pris de lui apprendre les premières bienséances. Il s'avança vers elle jusqu'à la fenêtre, où, nonobstant la manière et la froideur avec laquelle elle venait de le recevoir, elle se laissa regarder, admirer, et même caresser et embrasser autant qu'il le souhaita.

Entre ces caresses et ces embrassemens, ce monarque s'arrêta pour la regarder, ou plutôt pour la dévorer des yeux. « Ma toute belle! ma charmante! ma ravissante! s'écria-t-il, dites-moi, je vous prie, d'où vous venez, d'où sont et qui sont l'heureux père et l'heureuse mère qui ont mis au monde un chef-d'œuvre de la nature aussi surprenant que vous êtes? Que je vous aime et que je vous aimerai! Jamais je n'ai senti pour une femme ce que je sens pour vous; j'en ai cependant bien vu, et j'en vois encore un grand nombre tous les jours; mais jamais je n'ai vu tant de charmes tout à la fois, qui m'enlèvent à moi-même pour me donner tout à vous. Mon cher cœur, ajoutait-il, vous ne me répondez rien; vous ne me faites même connaître par aucune marque que vous soyez sensible à tant de témoignages que je vous donne de mon amour extrême; vous ne détournez pas même les yeux pour donner aux miens le plaisir de les rencontrer, et de vous convaincre qu'on ne peut pas aimer plus que je vous aime. Pourquoi gardez-vous ce grand silence qui me glace? D'où vient ce sérieux, ou plutôt cette tristesse qui m'afflige? Regrettez-vous votre pays, vos parens, vos amis? Hé quoi! un roi de Perse qui vous aime, qui vous adore, n'est-il pas capable de vous consoler et de vous tenir lieu de toutes choses au monde? »

Quelques protestations d'amour que le roi de Perse fit à l'esclave, et quoi qu'il pût dire pour l'obliger d'ouvrir la bouche et de parler, l'esclave demeura dans un froid surprenant, les yeux toujours baissés, sans les lever pour le regarder, et sans proférer une seule parole.

Le roi de Perse, ravi d'avoir fait une acquisition dont il était si content, ne la pressa pas davantage, dans l'espérance que le bon traitement qu'il lui ferait, la ferait changer. Il frappa des mains, et aussitôt plusieurs femmes entrèrent, à qui il commanda de faire servir le souper. Dès que l'on eut servi : « Mon cœur, dit-il à l'esclave, approchez-vous et venez souper avec moi. » Elle se leva de la place où elle était ; et quand elle fut assise vis-à-vis du Roi, le Roi la servit avant qu'il commençât de manger, et la servit de même à chaque plat pendant le repas. L'esclave mangea comme lui, mais toujours les yeux baissés, sans répondre un seul mot chaque fois qu'il lui demandait si les mets étaient de son goût.

Pour changer ce discours, le Roi lui demanda comment elle s'appelait, si elle était contente de son habillement, des pierreries dont elle était ornée, ce qu'elle pensait de son appartement et de l'ameublement, et si la vue de la mer la divertissait ; mais sur toutes ces demandes, elle garda le même silence, dont il ne savait plus que penser. Il s'imagina que peut-être elle était muette. « Mais, disait-il en lui-même, serait-il possible que Dieu eût formé une créature si belle, si parfaite et si accomplie, et qu'elle eût un si grand défaut? Ce serait un grand dommage! Avec cela, je ne pourrais m'empêcher de l'aimer comme je l'aime. »

Quand le Roi se fut levé de table, il se lava les mains d'un côté, pendant que l'esclave se les lavait de l'autre. Il prit ce temps-là pour demander aux femmes qui lui présentaient le bassin et la serviette, si elle leur avait parlé. Celle qui prit la parole, lui répondit : « Sire, nous ne l'avons ni vu ni entendu parler plus que Votre Majesté vient de le voir elle même. Nous lui avons rendu nos services dans le bain; nous l'avons peignée, coiffée, habillée dans sa chambre, et jamais elle n'a ouvert la bouche pour nous dire : Cela est bien, je suis contente. Nous lui demandions : Madame, n'avez-vous besoin de rien? souhaitez-vous quelque chose? Demandez, commandez-nous. Nous ne savons si c'est mépris, affliction, bêtise, ou qu'elle soit muette : nous n'avons pu tirer d'elle une seule parole; c'est tout ce que nous pouvons dire à Votre Majesté. »

Le roi de Perse fut plus surpris qu'auparavant sur ce qu'il venait d'entendre. Comme il crut que l'esclave pouvait avoir quelque sujet d'affliction, il voulut essayer de la réjouir; pour cela, il fit une assemblée de toutes les dames de son palais. Elles vinrent; et celles qui savaient jouer des instrumens en jouèrent, et les autres chantèrent et dansèrent, ou firent l'un et l'autre tout à la fois : elles jouèrent enfin à plusieurs sortes de jeux qui réjouirent le Roi. L'esclave seule ne prit aucune part à tous ces divertissemens ; elle demeura dans sa place, toujours les yeux baissés, et avec une tranquillité dont toutes les dames ne furent pas moins surprises que le Roi. Elles se retirèrent chacune à son appartement; et le Roi, qui demeura seul, coucha avec la belle esclave.

Le lendemain, le roi de Perse se leva plus content qu'il ne l'avait été de toutes les femmes qu'il eût jamais vues, sans en excepter aucune, et plus passionné pour la belle esclave que le jour d'auparavant. Il le fit bien paraître : en effet, il résolut de ne s'attacher uniquement qu'à elle, et il exécuta sa résolution. Dès le même jour, il congédia toutes ses autres femmes avec les riches habits, les pierreries et et les bijoux qu'elles avaient à leur usage, et chacune une grosse somme d'argent, libres de se marier à qui bon leur semblerait ; et il ne retint que les matrones et autres femmes âgées, nécessaires pour être auprès de la belle esclave. Elle ne lui donna pas la consolation de lui dire un seul mot pendant une année entière. Il ne laissa pas cependant d'être très-assidu auprès d'elle, avec toutes les complaisances imaginables, et de lui donner des marques les plus signalées d'une passion très-violente.

L'année était écoulée, et le Roi, assis un jour près de sa belle, lui protestait que son amour, au lieu de diminuer, augmentait tous les jours avec plus de force. « Ma Reine, lui disait-il, je ne puis deviner ce que vous en pensez ; rien n'est plus vrai cependant, et je vous jure que je ne souhaite plus rien depuis que j'ai le bonheur de vous posséder. Je fais état de mon royaume, tout grand qu'il est, moins que d'un atome, lorsque je vous vois, et que je puis vous dire mille fois que je vous aime. Je ne veux pas que mes paroles vous obligent de le croire ; mais vous ne pouvez en douter après le sacrifice que j'ai fait à votre beauté du grand nombre de femmes que j'avais dans mon palais. Vous pouvez vous en souvenir : il y a un an passé que je les renvoyai toutes ; et je m'en repens aussi peu au moment que je vous en parle, qu'au moment que je cessai de les voir, et je ne m'en repentirai jamais. Rien ne manquerait à ma satisfaction, à mon contentement et à ma joie, si vous me disiez seulement un mot pour me marquer que vous m'en avez quelque obligation. Mais comment pourriez-vous me le dire, si vous êtes muette ? Hélas ! je ne crains que trop que cela ne soit ! Et quel moyen de ne le pas craindre après un an entier que je vous prie mille fois chaque jour de me parler, et que vous gardez un silence si affligeant pour moi ? S'il n'est pas possible que j'obtienne de vous cette consolation, fasse le Ciel au moins que vous me donniez un fils pour me succéder après ma mort! Je me sens vieillir tous les jours, et dès à présent j'aurais besoin d'en avoir un pour m'aider à soutenir le plus grand poids de ma couronne. Je reviens au grand désir que j'ai de vous entendre parler : quelque chose me dit en moi-même que vous n'êtes pas muette. Hé ! de grâce, Madame, je vous en conjure, rompez cette longue obstination ; dites-moi un mot seulement, après quoi je ne me soucie plus de mourir. »

A ce discours, la belle esclave, qui, selon sa coutume, avait écouté le Roi toujours les yeux baissés, et qui ne lui avait pas seulement donné lieu de croire qu'elle était muette, mais même qu'elle n'avait jamais ri de sa vie, se mit à sourire. Le roi de Perse s'en aperçut avec une surprise qui lui fit faire une exclamation de joie ; et comme il ne douta pas qu'elle ne voulût parler, il attendit ce moment avec une attention et avec une impatience qu'on ne peut exprimer.

La belle esclave enfin rompit un si long silence, et elle parla. « Sire, dit-elle, j'ai tant de choses à dire à Votre Majesté, en rompant mon silence, que je ne sais par où commencer. Je crois néanmoins qu'il est de mon devoir de le remercier d'abord de toutes les grâces et de tous les honneurs dont elle m'a comblée, et de demander au Ciel qu'il la fasse prospérer, qu'il détourne les mauvaises intentions de ses ennemis, et ne permette pas qu'elle meure après m'avoir entendu parler, mais lui donne une longue vie. Après cela, Sire, je ne puis vous donner une plus grande satisfaction qu'en vous annonçant que je suis grosse : je souhaite avec vous que ce soit un fils. Ce qu'il y a, Sire, ajouta-t-elle, c'est que sans ma grossesse (je supplie Votre Majesté de prendre ma sincérité en bonne part), j'étais résolue à ne jamais vous aimer, aussi bien qu'à garder un silence perpétuel, et que présentement je vous aime autant que je le dois. »

Le roi de Perse, ravi d'avoir entendu parler la belle esclave, et lui annoncer une nouvelle qui l'intéressait si fort, l'embrassa tendrement. « Lumière éclatante de mes yeux, lui dit-il, je ne pouvais recevoir une plus grande joie que celle dont vous venez de me combler. Vous m'avez parlé, et vous m'avez annoncé votre grossesse ; je ne me sens pas moi-même après ces deux sujets de me réjouir que je n'attendais pas. »

Dans le transport de joie où était le roi de Perse, il n'en dit pas davantage à la belle esclave; il la quitta, mais d'une manière à faire connaître qu'il allait revenir bientôt. Comme il voulait que le sujet de sa joie fût rendu public, il l'annonça à ses officiers, et fit appeler son grand-visir. Dès qu'il fut arrivé, il le chargea de distribuer cent mille pièces d'or aux ministres de sa religion, qui faisaient vœu de pauvreté, aux hôpitaux et aux pauvres, en actions de grâces à Dieu, et sa volonté fut exécutée par les ordres de ce ministre.

Cet ordre donné, le roi de Perse vint retrouver la belle esclave. « Madame, lui dit-il, excusez-moi si je vous ai quittée si brusquement; vous m'en avez donné l'occasion vous-même ; mais vous voudrez bien que je remette à vous entretenir une autre fois ; je désire de savoir de vous des choses d'une conséquence beaucoup plus grande. Dites-moi, je vous en supplie, ma chère ame, quelle raison si forte vous avez eue de me voir, de m'entendre parler, de manger et de coucher avec moi chaque jour toute une année, et d'avoir eu cette constance inébranlable, je ne dis point de ne pas ouvrir la bouche pour me parler, mais même de ne pas donner à comprendre que vous entendiez fort bien tout ce que je vous disais. Cela me passe, et je ne comprends pas comment vous avez pu vous contraindre jusqu'à ce point ; il faut que le sujet en soit bien extraordinaire. »

Pour satisfaire la curiosité du roi de Perse : « Sire, reprit cette belle personne, être esclave, être éloignée de son pays, avoir perdu l'espérance d'y retourner jamais, avoir le cœur percé de douleur de me voir séparée pour toujours d'avec ma mère, mon frère, nos parens, mes connaissances, ne sont-ce pas des motifs assez grands pour avoir gardé le silence que Votre Majesté trouve si étrange? L'amour de la patrie n'est pas moins naturel que l'amour paternel, et la perte de la liberté est insupportable à quiconque n'est pas assez dépourvu de bon sens pour n'en pas connaître le prix. Le corps peut bien être assujetti à l'autorité d'un maître qui a la force et la puissance en main; mais la volonté ne peut pas être maîtrisée; elle est toujours à elle-même : Votre Majesté en a vu un exemple en ma personne. C'est beaucoup que je n'aie pas imité une infinité de malheureux et de malheureuses que l'amour de la liberté réduit à la triste résolution de se procurer la mort en mille manières, par une liberté qui ne peut leur être ôtée. »

« Madame, reprit le roi de Perse, je suis persuadé de ce que vous me dites; mais il m'avait semblé jusqu'à présent qu'une personne belle, bien faite, de bon sens et de bon esprit comme vous, Madame, esclave par sa mauvaise destinée, devait s'estimer heureuse de trouver un Roi pour maître. »

« Sire, repartit la belle esclave, quelque esclave que ce soit, comme je viens de le dire à Votre Majesté, un Roi ne peut maîtriser sa volonté. Comme Votre Majesté parle néanmoins d'une esclave capable de plaire à un monarque et de s'en faire aimer, si l'esclave est d'un état inférieur, qu'il n'y ait pas de proportion, je veux croire qu'elle peut s'estimer heureuse dans son malheur. Quel bonheur cependant! Elle ne laissera pas de se regarder comme une esclave arrachée d'entre les bras de son père et de sa mère, et peut-être d'un amant qu'elle ne laissera pas d'aimer toute sa vie. Mais si la même esclave ne cède en rien au Roi qui l'a acquise, que Votre Majesté elle-même juge de la rigueur de son sort, de sa misère, de son affliction, de sa douleur, et de quoi elle peut être capable! »

Le roi de Perse, étonné de ce discours : « Quoi, Madame, répliqua-t-il, serait-il possible, comme vous me le faites entendre, que vous fussiez d'un sang royal? Eclaircissez-moi de grâce là-dessus, et n'augmentez pas davantage mon impatience. Apprenez-moi qui sont l'heureux père et l'heureuse mère d'un si grand prodige de beauté, qui sont vos frères, vos sœurs, vos parens, et surtout comment vous vous appelez. »

« Sire, dit alors la belle esclave, mon nom est Gulnare de la mer*; mon père, qui est mort, était un des plus puissans Rois de la mer; et en mourant, il laissa son royaume à un frère que j'ai, nommé Saleh **, et à la Reine ma mère. Ma mère est aussi princesse, fille d'un autre Roi de la mer, très-puissant. Nous vivions tranquillement dans notre royaume, et dans une paix profonde, lorsqu'un ennemi, envieux de notre bonheur, entra dans nos Etats avec une puissante armée, pénétra jusqu'à notre capitale, s'en empara, et ne nous donna que le temps de nous sauver dans un lieu impénétrable et inaccessible, avec quelques officiers fidèles qui ne nous abandonnèrent pas.

Dans cette retraite, mon frère ne négligea pas de songer au moyen de chasser

---

* Gulnare signifie, en persien, rose, ou fleur de grenadier.

** Saleh : ce mot signifie bon, en arabe.

l'injuste possesseur de nos États; et dans cet intervalle, il me prit un jour en particulier : « Ma sœur, me dit-il, les événemens des moindres entreprises sont toujours très-incertains ; je puis succomber dans celle que je médite pour rentrer dans nos États; et je serais moins fâché de ma disgrâce que de celle qui pourrait vous arriver. Pour la prévenir et vous en préserver, je voudrais bien vous voir mariée auparavant; mais dans le mauvais état où sont nos affaires, je ne vois pas que vous puissiez vous donner à aucun de nos princes de la mer. Je souhaiterais que vous pussiez vous résoudre à entrer dans mon sentiment, qui est que vous épousiez un prince de la terre ; je suis prêt à y employer tous mes soins. De la beauté dont vous êtes, je suis sûr qu'il n'y en a pas un, si puissant qu'il soit, qui ne fût ravi de vous faire part de sa couronne. »

Ce discours de mon frère me mit dans une grande colère contre lui. « Mon frère, lui dis-je, du côté de mon père et de ma mère je descends comme vous de Rois et de Reines de la mer, sans aucune alliance avec les Rois de la terre ; je ne prétends pas me mésallier non plus qu'eux, et j'en ai fait le serment dès que j'ai eu assez de connaissance pour m'apercevoir de la noblesse et de l'ancienneté de nôtre maison. L'état où nous sommes réduits ne m'obligera pas de changer de résolution ; et si vous avez à périr dans l'exécution de votre dessein, je suis prête à périr avec vous, plutôt que de suivre un conseil que je n'attendais pas de votre part. »

Mon frère, entêté de ce mariage, qui ne me convenait pas, à mon sens, voulut me représenter qu'il y avait des Rois de la terre qui ne céderaient pas à ceux de la mer. Cela me mit dans une colère et dans un emportement contre lui qui m'attirèrent des duretés de sa part, dont je fus piquée au vif. Il me quitta aussi peu satisfait de moi, que j'étais mal satisfaite de lui. Dans le dépit où j'étais, je m'élançai au fond de la mer, et j'allai aborder à l'île de la Lune.

Nonobstant le cuisant mécontentement qui m'avait obligée de venir me jeter dans cette île, je ne laissais pas d'y vivre assez contente, et je me retirais dans les lieux écartés, où j'étais commodément. Mes précautions néanmoins n'empêchèrent pas qu'un homme de quelque distinction, accompagné de domestiques, ne me surprît comme je dormais, et ne m'emmenât chez lui. Il me témoigna beaucoup d'amour; il n'oublia rien pour me persuader d'y répondre. Quand il vit qu'il ne gagnait rien par la douceur, il crut qu'il réussirait mieux par la force; mais je le fis si bien repentir de son insolence, qu'il résolut de me vendre, et il me vendit au marchand qui m'a amenée et vendue à Votre Majesté. C'était un homme sage, doux et humain; et dans le long voyage qu'il me fit faire, il ne me donna que des sujets de me louer de lui.

Pour ce qui est de Votre Majesté, continua la princesse Gulnare, si elle n'eût eu pour moi toutes les considérations dont je lui suis obligée; si elle ne m'eût donné tant de marques d'amour, avec une sincérité dont je n'ai pu douter; que, sans hésiter, elle n'eût pas chassé toutes ses femmes, je ne feins pas de le dire, je ne serais pas demeurée avec elle. Je me serais jetée dans la mer par cette fenêtre où elle m'aborda la première fois qu'elle me vit dans cet appartement, et je serais allée retrouver mon frère, ma mère et mes parens. J'eusse même persévéré dans ce dessein, et je l'eusse exécuté, si, après un certain temps, j'eusse perdu l'espérance d'une grossesse. Je me garderais bien de le faire dans l'état où je suis. En effet, quoi que je pusse dire à ma mère et à mon frère, jamais ils ne voudraient croire que j'eusse été esclave d'un Roi comme Votre Majesté, et jamais aussi ils ne reviendraient de la faute que j'aurais commise contre mon honneur de mon consentement. Avec cela, Sire, soit un prince ou une princesse que je mette au monde, ce sera un gage qui m'obligera de ne me séparer jamais d'avec Votre Majesté. J'espère aussi qu'elle ne me regardera plus comme une esclave, mais comme une princesse qui n'est pas indigne de son alliance. »

C'est ainsi que la princesse Gulnare acheva de se faire connaître et de raconter

son histoire au roi de Perse. « Ma charmante! mon adorable Princesse! s'écria
alors ce monarque, quelles merveilles
viens-je d'entendre! Quelle ample matière à ma curiosité, de vous faire des
questions sur des choses si inouies! Mais
auparavant je dois bien vous remercier
de votre bonté et de votre patience à
éprouver la sincérité et la constance de
mon amour. Je ne croyais pas pouvoir
aimer plus que je vous aimais. Depuis que
je sais cependant que vous êtes une si
grande princesse, je vous aime mille fois
davantage. Que dis-je, princesse! Madame, vous ne l'êtes plus : vous êtes ma
Reine, et reine de Perse, comme j'en suis
Roi, et ce titre va bientôt retentir dans
tout mon royaume. Dès demain, Madame, il retentira dans ma capitale avec
des réjouissances non encore vues, qui
feront connaître que vous l'êtes, et ma
femme légitime. Cela serait fait il y a
long-temps, si vous m'eussiez tiré plus tôt
de mon erreur, puisque dès le moment
que je vous ai vue, j'ai été dans le même
sentiment qu'aujourd'hui de vous aimer

toujours, et de ne jamais aimer que vous. En attendant que je me satisfasse moi-même pleinement, et que je vous rende tout ce qui vous est dû, je vous supplie, Madame, de m'instruire plus particulièrement de ces États et de ces peuples de la mer qui me sont inconnus. J'avais bien entendu parler d'hommes marins; mais j'avais toujours pris ce que l'on m'en avait dit pour des contes et des fables. Rien n'est plus vrai cependant, après ce que vous m'en dites; et j'en ai une preuve bien certaine en votre personne, vous qui en êtes, et qui avez bien voulu être ma femme, et cela par un avantage dont aucun autre habitant de la terre ne peut se vanter que moi. Il y a une chose qui me fait de la peine, et sur laquelle je vous supplie de m'éclaircir; c'est que je ne puis comprendre comment vous pouvez vivre, agir, ou vous mouvoir dans l'eau sans vous noyer. Il n'y a que certaines gens parmi nous qui ont l'art de demeurer sous l'eau; ils y périraient néanmoins s'ils ne s'en retiraient au bout d'un certain temps, chacun selon leur adresse et leurs forces. »

« Sire, répondit la reine Gulnare, je satisferai Votre Majesté avec bien du plaisir. Nous marchons au fond de la mer, de même que l'on marche sur la terre, et nous respirons dans l'eau comme on respire dans l'air. Ainsi, au lieu de nous suffoquer, comme elle vous suffoque, elle contribue à notre vie. Ce qui est encore bien remarquable, c'est qu'elle ne mouille pas nos habits, et que, quand nous venons sur la terre, nous en sortons sans avoir besoin de les sécher. Notre langage ordinaire est le même que celui dans lequel l'écriture gravée sur le sceau du grand prophète Salomon, fils de David, est conçue.

« Je ne dois pas oublier que l'eau ne nous empêche pas aussi de voir dans la mer; nous y avons les yeux ouverts sans en souffrir aucune incommodité. Comme nous les avons excellens, nous ne laissons pas, nonobstant la profondeur de la mer, d'y voir aussi clair que l'on voit sur la terre. Il en est de même de la nuit : la lune nous éclaire, et les planètes et les étoiles ne nous sont point cachées. J'ai déjà parlé de nos royaumes : comme la mer est beaucoup plus spacieuse que la terre, il y en a aussi en plus grand nombre, et de beaucoup plus grands. Ils sont divisés en provinces; et dans chaque province il y a plusieurs grandes villes très-peuplées. Il y a enfin une infinité de nations, de mœurs et de coutumes différentes, comme sur la terre.

« Les palais des Rois et des princes sont superbes et magnifiques : il y en a de marbre de différentes couleurs, de cristal de roche, dont la mer abonde, de nacre de perle, de corail et d'autres matériaux plus précieux. L'or, l'argent et toutes sortes de pierreries y sont en plus grande abondance que sur la terre. Je ne parle pas des perles : de quelque grosseur qu'elles soient sur la terre, on ne les regarde pas dans nos pays : il n'y a que les moindres bourgeoises qui s'en parent.

« Comme nous avons une agilité merveilleuse et incroyable de nous transporter où nous voulons en moins de rien, nous n'avons besoin ni de chars, ni de montures. Il n'y a pas de Roi néanmoins qui n'ait ses écuries et ses haras de chevaux marins; mais ils ne s'en servent ordinairement que dans les divertissemens, dans les fêtes et dans les réjouissances publiques. Les uns, après les avoir bien exercés, se plaisent à les monter et à faire paraître leur adresse dans les courses. D'autres les attellent à des chars de nacre de perle, ornés de mille coquillages de toutes sortes de couleurs les plus vives. Ces chars sont à découvert avec un trône, où les Rois sont assis lorsqu'ils se font voir à leurs sujets. Ils sont adroits à les conduire eux-mêmes, et ils n'ont pas besoin de cochers. Je passe sous le silence une infinité d'autres particularités très-curieuses touchant les pays marins, ajouta la reine Gulnare, qui feraient un très-grand plaisir à Votre Majesté; mais elle voudra bien que je remette à l'entretenir plus à loisir, pour lui parler d'une autre chose qui est présentement de plus d'importance. Ce que j'ai à lui dire, Sire, c'est que les couches des femmes de mer sont différentes des couches des femmes de terre ; et j'ai un sujet de craindre que les sages-femmes de ce pays ne m'accouchent mal. Comme Votre Majesté n'y a pas moins d'intérêt que moi, sous son bon plaisir, je trouve à propos, pour la sûreté de mes couches, de faire venir la Reine ma mère avec des cousines que j'ai, et en même temps le Roi mon frère, avec qui je suis bien aise de me réconcilier. Ils seront ravis de me revoir dès que je leur aurai raconté mon histoire, et qu'ils auront appris que je suis femme du puissant roi de Perse. Je supplie Votre Majesté de me le permettre : ils seront bien aises aussi de lui rendre leurs respects, et je puis lui promettre qu'elle aura de la satisfaction de les voir. »

« Madame, reprit le roi de Perse, vous êtes la maîtresse, faites ce qu'il vous plaira ; je tâcherai de les recevoir avec tous les honneurs qu'ils méritent. Mais je voudrais bien savoir par quelle voie vous leur ferez savoir ce que vous désirez d'eux, et quand ils pourront arriver, afin que je donne ordre aux préparatifs pour leur réception, et que j'aille moi-même au-devant d'eux. » « Sire, repartit la reine Gulnare, il n'est pas besoin de ces cérémonies : ils seront ici dans un moment, et Votre Majesté verra de quelle manière ils arriveront : elle n'a qu'à entrer dans ce petit cabinet, et regarder par la jalousie. »

Quand le roi de Perse fut entré dans le cabinet, la reine Gulnare se fit apporter une cassolette avec du feu par une de ses femmes, qu'elle renvoya en lui disant de fermer la porte. Lorsqu'elle fut seule, elle prit un morceau de bois d'aloès dans une boîte : elle le mit dans la cassolette ; et dès qu'elle vit paraître la fumée, elle prononça des paroles inconnues au roi de Perse, qui observait avec grande attention tout ce qu'elle faisait ; et elle n'avait pas encore achevé, que l'eau de la mer se troubla. Le cabinet où était le Roi était disposé de manière qu'il s'en aperçut au travers de la jalousie, en regardant du côté des fenêtres qui étaient sur la mer. La mer enfin s'entr'ouvrit à quelque distance, et aussitôt il s'en éleva un jeune homme bien fait et de belle taille avec la moustache de vert de mer. Une dame déjà sur l'âge, mais d'un air majestueux, s'en éleva de même un peu derrière lui, avec cinq jeunes dames qui ne cédaient en rien à la beauté de la reine Gulnare.

La reine Gulnare se présenta aussitôt à une des fenêtres, et elle reconnut le Roi son frère, la Reine sa mère et ses parentes, qui la reconnurent de même. La troupe s'avança comme portée sur la surface de l'eau, sans marcher; et quand ils furent tous sur le bord, ils s'élancèrent légèrement l'un après l'autre sur la fenêtre où la reine Gulnare avait paru, et d'où elle s'était retirée pour leur faire place. Le roi Saleh, la Reine sa mère et ses parentes l'embrassèrent avec beaucoup de tendresse et les larmes aux yeux, à mesure qu'ils entrèrent.

Quand la reine Gulnare les eut reçus avec tout l'honneur possible, et qu'elle leur eut fait prendre place sur le sofa, la Reine sa mère prit la parole : « Ma fille, lui dit-elle, j'ai bien de la joie de vous revoir après une si longue absence, et je suis sûre que votre frère et vos parentés n'en ont pas moins que moi. Votre éloignement, sans avoir rien dit à personne, nous a jetés dans une affliction inexprimable, et nous ne pourrions vous dire combien nous en avons versé de larmes. Nous ne savons autre chose du sujet qui peut vous avoir obligé de prendre un parti si surprenant, que ce que votre frère nous a rapporté de l'entretien qu'il avait eu avec vous. Le conseil qu'il vous donna alors lui avait paru avantageux pour votre établissement, dans l'état où vous étiez aussi bien que nous. Il ne fallait pas vous alarmer si fort, s'il ne vous plaisait pas, et vous voudrez bien que je vous dise que vous avez pris la chose tout autrement que vous ne le deviez. Mais laissons là ce discours, qui ne ferait que renouveler des sujets de douleur et de plainte, que vous devez oublier avec nous; et faites-nous part de tout ce qui vous est arrivé depuis si long temps que nous ne vous avons vue, et dans l'état où vous êtes présentement : sur toutes choses, marquez-nous si vous êtes contente. »

La reine Gulnare se jeta aussitôt aux pieds de la Reine sa mère; et après qu'elle lui eut baisé la main en se relevant: « Madame, reprit-elle, j'ai commis une grande faute, je l'avoue, et je ne suis redevable qu'à votre bonté du pardon que vous voulez bien m'en accorder. Ce que j'ai à vous dire, pour vous obéir, vous fera connaître que c'est en vain bien souvent qu'on a de la répugnance pour de certaines choses. J'ai éprouvé par moi-même que la chose à quoi ma volonté était la plus opposée, est justement celle où ma destinée m'a conduite malgré moi. » Elle lui raconta tout ce qui lui était arrivé depuis que le dépit l'avait portée à se lever du fond de la mer pour venir sur la terre. Lorsqu'elle eut achevé en marquant qu'enfin elle avait été vendue au roi de Perse, chez qui elle se trouvait : « Ma sœur, lui dit le Roi son frère, vous avez grand tort d'avoir souffert tant d'indignités, et vous ne pouvez vous en plaindre qu'à vous-même. Vous aviez le moyen de vous en délivrer, et je m'étonne de votre patience à demeurer si long-temps dans l'esclavage : levez-vous, et revenez avec nous au royaume que j'ai reconquis sur le fier ennemi qui s'en était emparé. »

Le roi de Perse, qui entendit ces paroles du cabinet où il était, en fut dans la dernière alarme. « Ah! dit-il en lui-même, je suis perdu, et ma mort est certaine, si ma Reine, si ma Gulnare écoute un conseil si pernicieux ! Je ne puis plus vivre sans elle, et l'on m'en veut priver ! » La reine Gulnare ne le laissa pas longtemps dans la crainte où il était.

« Mon frère, reprit-elle en souriant, ce que je viens d'entendre me fait mieux comprendre que jamais combien l'amitié que vous avez pour moi est sincère. Je ne pus supporter le conseil que vous me donniez de me marier à un prince de la terre. Aujourd'hui peu s'en faut que je ne me mette en colère contre vous de celui que vous me donnez de quitter l'engagement que j'ai avec le plus puissant et le plus renommé de tous les princes. Je ne parle pas de l'engagement d'une esclave avec un maître : il nous serait aisé de lui restituer les dix mille pièces d'or que je lui ai coûté ; je parle de celui d'une femme avec un mari, et d'une femme qui ne peut se plaindre d'aucun sujet de mécontentement de sa part. C'est un monarque religieux, sage, modéré, qui m'a donné les marques d'amour les plus essentielles. Il ne pouvait pas m'en donner une plus signalée, que de congédier, dès les premiers jours que je fus à lui, le grand nombre de femmes qu'il avait, pour ne s'attacher qu'à moi uniquement. Je suis sa femme, et il vient de me déclarer reine de Perse, pour participer à ses conseils. Je dis de plus que je suis grosse, et que si j'ai le bonheur, avec la faveur du Ciel, de lui donner un fils, ce sera un autre lien qui m'attachera à lui plus inséparablement. Ainsi, mon frère, poursuivit la reine Gulnare, bien loin de suivre votre conseil, toutes ces considérations, comme vous le voyez, ne m'obligent pas seulement d'aimer le roi de Perse autant qu'il m'aime, mais même de demeurer et de passer ma vie avec lui, plus par reconnaissance que par devoir. J'espère que ni ma mère, ni vous avec mes bonnes cousines, vous ne désapprouverez ma résolution, non plus que l'alliance que j'ai faite sans l'avoir cherchée, qui fait honneur également aux monarques de la mer et de la terre. Excusez-moi si je vous ai donné la peine de venir ici du plus profond des ondes pour vous en faire part, et avoir le bonheur de vous voir après une si longue séparation. »

« Ma sœur, reprit le roi Saleh, la proposition que je vous ai faite de revenir avec nous sur le récit de vos aventures, que je n'ai pu entendre sans douleur, n'a été que pour vous marquer combien nous vous aimons tous, combien je vous honore en particulier, et que rien ne nous touche davantage que tout ce qui peut contribuer à votre bonheur. Par ces mêmes motifs, je ne puis, en mon particulier, qu'approuver une résolution si raisonnable et si digne de vous, après ce que vous venez de nous dire de la personne du roi de Perse votre époux, et des grandes obligations que vous lui avez. Pour ce qui est de la Reine votre mère et la mienne, je suis persuadé qu'elle n'est pas d'un autre sentiment. »

Cette princesse confirma ce que le Roi son fils venait d'avancer. « Ma fille, reprit-elle en s'adressant aussi à la reine Gulnare; je suis ravie que vous soyez contente, et je n'ai rien à ajouter à ce que le Roi votre frère vient de vous témoigner. Je serais la première à vous condamner, si vous n'aviez toute la reconnaissance que vous devez pour un monarque qui vous aime avec tant de passion, et qui a fait de si grandes choses pour vous. »

Autant le roi de Perse, qui était dans le cabinet, avait été affligé par la crainte de perdre la reine Gulnare, autant il eut de joie de voir qu'elle était résolue à ne le pas abandonner. Comme il ne pouvait plus douter de son amour, après une déclaration si authentique, il l'en aima mille fois davantage; et il se promit bien de lui en marquer sa reconnaissance par tous les moyens qui seraient en son pouvoir.

Pendant que le roi de Perse s'entretenait ainsi avec lui-même, la reine Gulnare avait frappé des mains, et avait commandé à des esclaves qui étaient entrés aussitôt, de servir la collation. Quand elle fut servie, elle invita la Reine sa mère, le Roi son frère et ses parentes à s'approcher et à manger. Mais ils eurent tous la même pensée, que sans en avoir demandé la permission, ils se trouveraient dans le palais d'un puissant Roi, qui ne les avait jamais vus, et qui ne les connaissait pas, et qu'il y aurait une grande incivilité à manger à sa table sans lui. La rougeur leur en monta au visage, et de l'émotion où ils en étaient, ils jetèrent des flammes par les narines et par la bouche, avec des yeux enflammés.

Le roi de Perse fut dans une frayeur inexprimable à ce spectacle, auquel il ne s'attendait pas, et dont il ignorait la cause. La reine Gulnare, qui se douta de ce qui en était, et qui avait compris l'intention de ses parens, ne fit que leur marquer, en se levant de sa place, qu'elle allait revenir. Elle passa au cabinet, où elle rassura le Roi par sa présence. « Sire, lui dit-elle, je ne doute pas que Votre Majesté ne soit contente du témoignage que je viens de rendre des grandes obligations dont je lui suis redevable. Il n'a tenu qu'à moi de m'abandonner à leurs désirs, et de retourner avec eux dans nos Etats ; mais je ne suis pas capable d'une ingratitude dont je me condamnerais la première. » « Ah! ma Reine, s'écria le roi de Perse, ne parlez pas des obligations que vous m'avez, vous ne m'en avez aucune. Je vous en ai moi-même de si grandes, que jamais je ne pourrai vous en témoigner assez de reconnaissance. Je n'avais pas cru que vous m'aimassiez au point que je vois que vous m'aimez : vous venez de me le faire connaître de la manière la plus éclatante. » « Eh! Sire, reprit la reine Gulnare, pouvais-je en faire moins que ce que je viens de faire ? Je n'en fais pas encore assez après tous les honneurs que j'ai reçus, après tant de bienfaits dont vous m'avez comblée, après tant de marques d'amour auxquelles il n'est pas possible que je sois insensible. Mais, Sire, ajouta la reine Gulnare, laissons là ce discours pour vous assurer l'amitié sincère dont la Reine ma mère et le Roi mon frère vous honorent. Ils meurent de l'envie de vous voir, et de vous en assurer eux-mêmes. J'ai même pensé me faire une affaire avec eux, en voulant leur donner la collation avant de leur procurer cet honneur. Je supplie donc Votre Majesté de vouloir bien entrer, et de les honorer de votre présence. »

« Madame, repartit le roi de Perse, j'aurai un grand plaisir à saluer des personnes qui vous appartiennent de si près, mais ces flammes que j'ai vues sortir de leurs narines et de leur bouche, me donnent de la frayeur. » « Sire, répliqua la Reine en riant, ces flammes ne doivent pas faire la moindre peine à Votre Majesté, elles ne signifient autre chose que leur répugnance à manger de ses biens dans son palais, qu'elle ne les honore de sa présence, et ne mange avec eux. »

Le roi de Perse, rassuré par ces paroles, se leva de sa place et entra dans la chambre avec la reine Gulnare; et la reine Gulnare le présenta à la Reine sa mère, au Roi son frère, et à ses parentes, qui se prosternèrent aussitôt la face contre terre. Le roi de Perse courut aussitôt à eux, les obligea de se relever, et les embrassa l'un après l'autre. Après qu'ils se furent tous assis, le roi Saleh prit la parole ; « Sire, dit-il au roi de Perse, nous ne pouvons assez témoigner notre joie à Votre Majesté de ce que la reine Gulnare, ma sœur, dans sa disgrâce, a eu le bonheur de se trouver sous la protection d'un monarque si puissant. Nous pouvons l'assurer qu'elle n'est pas indigne du haut rang où il lui a fait l'honneur de l'élever. Nous avons toujours eu une si grande amitié et tant de tendresse pour elle, que nous n'avons pu nous résoudre à l'accorder à aucun des puissans princes de la mer qui nous l'avaient demandée en mariage avant même qu'elle fût en âge. Le Ciel vous la réservait, Sire, et nous ne pouvons mieux le remercier de la faveur qu'il lui a faite, qu'en lui demandant d'accorder à Votre Majesté la grâce de vivre de longues années avec elle, avec toute sorte de prospérités et de satisfactions. »

« Il fallait bien, reprit le roi de Perse, que le Ciel me l'eût réservée, comme vous le remarquez. En effet, la passion ardente dont je l'aime, me fait connaître que je n'avais jamais rien aimé avant de l'avoir vue. Je ne puis assez témoigner de reconnaissance à la Reine, sa mère, ni à vous, Prince, ni à toute votre parenté, de la générosité avec laquelle vous consentez à me recevoir dans une alliance qui m'est si glorieuse. » En achevant ces paroles, il les invita à se mettre à table, et il s'y mit aussi avec la reine Gulnare. La collation achevée, le roi de Perse s'entretint avec eux bien avant dans la nuit; et lorsqu'il fut temps de se retirer, il les conduisit lui-même chacun à l'appartement qu'il leur avait fait préparer.

Le roi de Perse régala ses illustres hôtes par des fêtes continuelles, dans lesquelles il n'oublia rien de tout ce qui pouvait faire paraître sa grandeur et sa magnificence; et insensiblement, il les engagea à demeurer à la Cour jusqu'aux couches de la Reine. Dès qu'elle en sentit les approches, il donna ordre à ce que rien ne lui manquât de toutes les choses dont elle pouvait avoir besoin dans cette conjoncture. Elle accoucha enfin, et elle mit au monde un fils, avec une grande joie de la Reine sa mère, qui l'accoucha, et qui alla le présenter au Roi dès qu'il fut dans ses premiers langes, qui étaient magnifiques.

Le roi de Perse reçut ce présent avec une joie qu'il est plus aisé d'imaginer que d'exprimer. Comme le visage du petit prince son fils, était plein et éclatant de beauté, il ne crut pas pouvoir lui donner un nom plus convenable que celui de Beder *. En actions de grâces au Ciel, il assigna de grandes aumônes aux pauvres; il fit sortir les prisonniers hors des prisons; il donna la liberté à tous ses esclaves de l'un et de l'autre sexe; il fit distribuer de grosses sommes aux ministres et dévots de sa religion. Il fit aussi de grandes largesses à sa Cour et au peuple, et l'on publia, par son ordre, des réjouissances de plusieurs jours par toute la ville.

Après que la reine Gulnare fut relevée de ses couches, un jour que le roi de Perse, la reine Gulnare, la Reine sa mère, le roi

---

* Pleine lune, en arabe.

Saleh, son frère, et les princesses, leurs parentes, s'entretenaient ensemble dans la chambre de la Reine, la nourrice y entra avec le petit prince Beder, qu'elle portait entre ses bras. Le roi Saleh se leva aussitôt de sa place, courut au petit prince, et, après l'avoir pris d'entre les bras de la nourrice dans les siens, il se mit à le baiser et à le caresser avec de grandes démonstrations de tendresse. Il fit plusieurs tours par la chambre en jouant, en le tenant en l'air entre ses mains; et tout d'un coup, dans le transport de sa joie, il s'élança par une fenêtre qui était ouverte, et se plongea dans la mer avec le prince.

Le roi de Perse, qui ne s'attendait pas à ce spectacle, poussa des cris épouvantables, dans la croyance qu'il ne reverrait plus le prince, son cher fils, ou s'il avait à le revoir, qu'il ne le reverrait que noyé. Peu s'en fallut qu'il ne rendît l'âme au milieu de son affliction, de sa douleur et de ses pleurs. « Sire, lui dit la reine Gulnare d'un visage et d'un ton propres à le rassurer lui-même, que Votre Majesté ne craigne rien. Le petit prince est mon fils, comme il est le vôtre, et je ne l'aime pas moins que vous l'aimez : vous voyez cependant que je n'en suis pas alarmée ; je ne le dois pas être aussi. En effet, il ne court aucun risque, et vous verrez bientôt reparaître le Roi, son oncle, qui le rapportera sain et sauf. Quoiqu'il soit né de votre sang, par l'endroit néanmoins par lequel il m'appartient, il ne laisse pas d'avoir le même avantage que nous, de pouvoir vivre également dans la mer et sur la terre. » La Reine sa mère, et les princesses ses parentes lui confirmèrent la même chose ; mais leurs discours ne firent pas un grand effet pour le guérir de sa frayeur : il ne lui fut pas possible d'en revenir tout le temps que le prince Beder ne parut plus à ses yeux.

La mer enfin se troubla, et l'on revit bientôt le roi Saleh qui s'en éleva avec le petit prince entre les bras, et qui, en se soutenant en l'air, rentra par la même fenêtre par laquelle il était sorti. Le roi de Perse fut ravi, et dans une grande admiration de revoir le prince Beder aussi tranquille que quand il avait cessé de le voir. Le roi Saleh lui demanda : « Sire, Votre Majesté n'a-t-elle pas eu une grande peur, quand elle m'a vu plonger dans la mer avec le prince mon neveu ? » « Ah, Prince! reprit le roi de Perse, je ne puis vous l'exprimer; je l'ai cru perdu dès ce moment, et vous m'avez redonné la vie en me le rapportant. » « Sire, repartit le roi Saleh, je m'en étais douté; mais il n'y avait pas le moindre sujet de crainte. Avant de me plonger, j'avais prononcé sur lui les paroles mystérieuses qui étaient gravées sur le sceau du grand roi Salomon, fils de David. Nous pratiquons la même chose à l'égard de tous les enfans qui nous naissent dans les régions du fond de la mer; et en vertu de ces paroles, ils reçoivent le même privilége que nous avons par-dessus les hommes qui demeurent sur la terre. Par ce que Votre Majesté vient de voir, elle peut juger de l'avantage que le prince Beder a acquis par sa naissance du côté de la reine Gulnare, ma sœur. Tant qu'il vivra, et toutes les fois qu'il le voudra, il lui sera libre de se plonger dans la mer, et de parcourir les vastes empires qu'elle renferme dans son sein. »

Après ces paroles, le roi Saleh, qui avait déjà remis le petit prince Beder entre les bras de sa nourrice, ouvrit une caisse qu'il était allé prendre dans son palais dans le peu de temps qu'il avait disparu, et qu'il avait apportée remplie de trois cents diamans gros comme des œufs de pigeon, d'un pareil nombre de rubis d'une grosseur extraordinaire, d'autant de verges d'émeraudes de la longueur d'un demi-pied, et de trente filets ou colliers de perles, chacun de dix. « Sire, dit-il au roi de Perse en lui faisant présent de cette caisse, lorsque nous avons été appelés par la reine ma sœur, nous ignorions en quel endroit de la terre elle était, et qu'elle eût l'honneur d'être l'épouse d'un si grand monarque : c'est ce qui a fait que nous sommes arrivés les mains vides. Comme nous ne pouvons témoigner notre reconnaissance à Votre Majesté, nous la supplions d'en agréer cette faible marque, en considération des faveurs singulières qu'il lui a plu de lui faire, auxquelles nous ne prenons pas moins de part qu'elle-même. »

On ne peut exprimer quelle fut la surprise du roi de Perse, quand il vit tant de richesses renfermées dans un si petit espace. « Hé quoi, Prince ! s'écria-t-il, appelez-vous une faible marque de votre reconnaissance, lorsque vous ne me devez rien, un présent d'un prix inestimable ? Je vous déclare encore une fois que vous ne m'êtes redevables de rien, ni la Reine votre mère, ni vous. Je m'estime trop heureux du consentement que vous avez donné à l'alliance que j'ai contractée avec vous. Madame, dit-il à la reine Gulnare en se tournant de son côté, le Roi votre frère me met dans une confusion dont je ne puis revenir ; et je le supplierais de trouver bon que je refuse son présent, si je ne craignais qu'il ne s'en offensât : priez-le d'agréer que je me dispense de l'accepter. «

« Sire, repartit le roi Saleh, je ne suis pas surpris que Votre Majesté trouve le présent extraordinaire : je sais qu'on n'est pas accoutumé sur la terre à voir des pierreries de cette qualité, et en si grand nombre tout à la fois. Mais si elle savait que je sais où sont les minières d'où on les tire, et qu'il est en ma disposition d'en faire un trésor plus riche que tout ce qu'il y en a dans les trésors des Rois de la terre, elle s'étonnerait que nous ayons pris la hardiesse de lui faire un présent de si peu de chose. Aussi nous vous supplions de ne le pas regarder par cet endroit, mais par l'amitié sincère qui nous oblige de vous l'offrir, et de ne nous pas donner la mortification de ne pas le recevoir de même. » Des manières si honnêtes obligèrent le roi de Perse à l'accepter, et il lui en fit de grands remercîmens, de même qu'à la Reine sa mère.

Quelques jours après, le roi Saleh témoigna au roi de Perse que la Reine sa mère, les princesses ses parentes, et lui, n'auraient pas un plus grand plaisir que de passer toute leur vie à sa Cour; mais comme il y avait long-temps qu'ils étaient absens de leur royaume, et que leur présence y était nécessaire, ils le priaient de trouver bon qu'ils prissent congé de lui et de la reine Gulnare. Le roi de Perse leur marqua qu'il était bien fâché de ce qu'il n'était pas en son pouvoir de leur rendre la même civilité, en allant leur rendre visite dans leurs États. « Mais comme je suis persuadé, ajouta-t-il, que vous n'oublierez pas la reine Gulnare, et que vous la viendrez voir de temps en temps, j'espère que j'aurai l'honneur de vous revoir plus d'une fois. »

Il y eut beaucoup de larmes répandues de part et d'autre dans leur séparation. Le roi Saleh se sépara le premier; mais la Reine sa mère et les princesses furent obligées, pour le suivre, de s'arracher en quelque manière aux embrassemens de la reine Gulnare, qui ne pouvait se résoudre à les laisser partir. Dès que cette troupe royale eut disparu, le roi de Perse ne put s'empêcher de dire à la reine Gulnare: « Madame, j'eusse regardé comme un homme qui eût voulu abuser de ma crédulité, celui qui eût entrepris de me faire passer pour véritables les merveilles dont j'ai été témoin, depuis le moment où votre illustre famille a honoré mon palais de sa présence. Mais je ne puis démentir mes yeux : je m'en souviendrai toute ma vie;

et je ne cesserai de bénir le Ciel de ce qu'il vous a adressée à moi préférablement à tout autre prince. »

Le petit prince Beder fut nourri et élevé dans le palais, sous les yeux du roi et de la reine de Perse, qui le virent croître et augmenter en beauté avec une grande satisfaction. Il leur en donna beaucoup plus à mesure qu'il avança en âge, par son enjouement continuel, par ses manières agréables en tout ce qu'il faisait, et par les marques de la justesse et de la vivacité de son esprit en tout ce qu'il disait; et cette satisfaction leur était d'autant plus sensible, que le roi Saleh son oncle, la Reine sa grand'mère, et les princesses ses cousines venaient souvent en prendre leur part. On n'eut point de peine à lui apprendre à lire et à écrire, et on lui enseigna avec la même facilité toutes les sciences qui convenaient à un prince de son rang.

Quand le prince de Perse eut atteint l'âge de quinze ans, il s'acquittait déjà de tous ses exercices avec infiniment plus d'adresse et de bonne grâce que ses maîtres. Avec cela il était d'une sagesse et d'une prudence admirables. Le roi de Perse, qui avait reconnu en lui, presque dès sa naissance, ces vertus si nécessaires à un monarque, qui l'avait vu s'y fortifier jusqu'alors, et qui d'ailleurs s'apercevait tous les jours des grandes infirmités de la vieillesse, ne voulut pas attendre que sa mort lui donnât lieu de le mettre en possession du royaume. Il n'eut pas de peine à faire consentir son conseil à ce qu'il souhaitait là-dessus; et les peuples apprirent sa résolution avec d'autant plus de joie, que le prince Beder était digne de les commander. En effet, comme il y avait long-temps qu'il paraissait en public, ils avaient eu tout le loisir de remarquer qu'il n'avait pas cet air dédaigneux, fier et rebutant, si familier à la plupart des autres princes, qui regardent tout ce qui est au-dessous d'eux avec une hauteur et un mépris insupportables. Ils savaient au contraire, qu'il regardait tout le monde avec une bonté qui invitait à s'approcher de lui, qu'il écoutait favorablement ceux qui avaient à lui parler, qu'il leur répondait avec une bienveillance qui lui était particulière; et qu'il ne refusait rien à personne, pour peu que ce qu'on lui demandait fût juste.

Le jour de la cérémonie fut arrêté; et ce jour-là au milieu de son conseil, qui était plus nombreux qu'à l'ordinaire, le roi de Perse, qui d'abord s'était assis sur son trône, en descendit, ôta sa couronne de dessus sa tête, la mit sur celle du prince Beder ; et après l'avoir aidé à monter à sa place, il lui baisa la main pour marque qu'il lui remettait toute son autorité et tout son pouvoir; après quoi il se mit au-dessous de lui, au rang des visirs et des émirs.

Aussitôt les visirs, les émirs, et tous les officiers principaux vinrent se jeter aux pieds du nouveau Roi, et lui prêtèrent le serment de fidélité chacun dans son rang. Le grand-visir fit ensuite le rapport de plusieurs affaires importantes, sur lesquelles il prononça avec une sagesse qui fit l'admiration de tout le conseil. Il déposa ensuite plusieurs gouverneurs convaincus de malversations, et en mit d'autres à leur place, avec un discernement si juste et si équitable, qu'il s'attira les acclamations de tout le monde, d'autant plus honorables, que la flatterie n'y avait aucune part. Il sortit ensuite du conseil ; et, accompagné du Roi son père, il alla à l'appartement de la reine Gulnare. La Reine ne le vit pas plutôt avec la couronne sur la tête, qu'elle courut à lui et l'embrassa avec beaucoup de tendresse, en lui souhaitant un règne de longue durée.

La première année de son règne, le roi Beder s'acquitta de toutes les fonctions royales avec une grande assiduité. Sur toutes choses, il prit un grand soin de s'instruire de l'état des affaires, et de tout ce qui pouvait contribuer à la félicité de ses sujets. L'année suivante, après qu'il eut laissé l'administration des affaires à son conseil, sous le bon plaisir de l'ancien Roi son père, il sortit de la capitale, sous prétexte de prendre le divertissement de la chasse ; mais c'était pour parcourir toutes les provinces du royaume, afin d'y corriger les abus, d'établir le bon ordre et la discipline partout, et d'ôter aux princes ses voisins, mal intentionnés, l'envie de rien entreprendre contre la sûreté et la tranquillité de ses États, en se faisant voir sur les frontières.

Il ne fallut pas moins de temps qu'une année entière à ce jeune Roi pour exécuter un dessein si digne de lui. Il n'y avait pas long-temps qu'il était de retour, lorsque le Roi son père tomba malade si dangereusement, que d'abord il connut lui-même qu'il n'en relèverait pas. Il attendit le dernier moment de sa vie avec une grande tranquillité ; et l'unique soin qu'il eut, fut de recommander aux ministres et aux seigneurs de la Cour du Roi son fils de persister dans la fidélité qu'ils lui avaient jurée ; et il n'y en eut pas un qui n'en renouvelât le serment avec autant de bonne volonté que la première fois. Il mourut enfin avec un regret très-sensible du roi Beder et de la reine Gulnare, qui firent porter son corps dans un superbe mausolée avec une pompe proportionnée à sa dignité.

Après que les funérailles furent achevées, le roi Beder n'eut pas de peine à suivre la coutume de Perse, de pleurer les morts un mois entier, et de ne voir personne tout ce temps-là. Il eût pleuré son père toute sa vie, s'il eût écouté l'excès de son affliction, et s'il eût été permis à un grand Roi de s'y abandonner tout entier. Dans cet intervalle, la Reine, mère de la reine Gulnare, et le roi Saleh, avec les princesses leurs parentes, arrivèrent, et prirent une grande part à leur affliction avant de leur parler de se consoler.

Quand le mois fut écoulé, le Roi ne put se dispenser de donner entrée à son grand-visir et à tous les seigneurs de sa Cour, qui le supplièrent de quitter l'habit de deuil, de se faire voir à ses sujets, et de reprendre le soin des affaires comme auparavant. Il témoigna d'abord une si grande répugnance à les écouter, que le grand-visir fut obligé de prendre la parole, et de lui dire : « Sire, il n'est pas besoin de représenter à Votre Majesté qu'il n'appartient qu'à des femmes de s'opiniâtrer à demeurer dans un deuil perpétuel. Nous ne douterons pas qu'elle n'en soit très-persuadée, et que ce ne soit pas son intention de suivre leur exemple. Nos larmes ni les vôtres ne sont capables de redonner la vie au Roi votre père, quand nous ne cesserions de pleurer toute notre vie. Il a subi la loi commune à tous les hommes, qui les soumet au tribut indispensable de la mort. Nous ne pouvons cependant dire absolument qu'il soit mort, puisque nous le revoyons en votre sacrée personne. Il n'a pas douté lui-même en mourant qu'il ne dût revivre en vous : c'est à Votre Majesté à faire voir qu'il ne s'est pas trompé. »

Le roi Beder ne put résister à des instances si pressantes : il quitta l'habit de deuil dès ce moment; et après qu'il eut repris l'habillement et les ornemens royaux, il commença de pourvoir aux besoins de son royaume et de ses sujets avec la même attention qu'avant la mort du Roi son père. Il s'en acquitta avec une approbation universelle; et comme il était exact à maintenir l'observation des ordonnances de ses prédécesseurs, les peuples ne s'aperçurent pas qu'ils avaient changé de maître.

Le roi Saleh, qui était retourné dans ses États de la mer avec la Reine sa mère et les princesses, dès qu'il eut vu que le roi Beder avait repris le gouvernement, revint seul au bout d'un an, et le roi Beder et la reine Gulnare furent ravis de le revoir. Un soir, au sortir de table, après qu'on eut desservi et qu'on les eut laissés seuls, ils s'entretinrent de plusieurs choses.

Insensiblement le roi Saleh tomba sur les louanges du Roi son neveu, et témoigna à la Reine sa sœur combien il était satisfait de la sagesse avec laquelle il gouvernait, qui lui avait acquis une si grande réputation, non-seulement auprès des Rois ses voisins, mais même jusqu'aux royaumes les plus éloignés. Le roi Beder, qui ne pouvait entendre parler de sa personne si avantageusement, et ne voulait pas aussi, par bienséance, imposer silence au Roi son oncle, se tourna de l'autre côté, et fit semblant de dormir, en appuyant sa tête sur un coussin qui était derrière lui.

Des louanges qui ne regardaient que la conduite merveilleuse et l'esprit supérieur en toutes choses du roi Beder, le roi Saleh passa à celles du corps; et il en parla comme d'un prodige qui n'avait rien de semblable sur la terre, ni dans tous les royaumes de dessous les eaux de la mer dont il eût connaissance. « Ma sœur, s'écria-t-il tout d'un coup, tel qu'il est fait, et tel que vous le voyez vous-même, je m'étonne que vous n'ayez pas encore songé à le marier. Si je ne me trompe cependant, il est dans sa vingtième année; et à cet âge il n'est pas permis à un prince comme lui d'être sans femme. Je veux y penser moi-même, puisque vous n'y pensez pas, et lui donner pour épouse une princesse de nos royaumes qui soit digne de lui. »

« Mon frère, reprit la reine Gulnare, vous me faites souvenir d'une chose dont je vous avoue que je n'ai pas eu la moindre pensée jusqu'à présent. Comme il n'a pas encore témoigné qu'il eût aucun penchant pour le mariage, je n'y avais pas fait attention moi-même, et je suis bien aise que vous vous soyez avisé de m'en parler. Comme j'approuve fort de lui donner une de nos princesses, je vous prie de m'en donner quelqu'une ; mais si belle et si accomplie, que le Roi mon fils soit forcé de l'aimer. »

« J'en sais une, repartit le roi Saleh, en parlant bas ; mais avant de vous dire qui elle est, je vous prie de voir si le Roi mon neveu dort : je vous dirai pourquoi il est bon que nous prenions cette précaution. La reine Gulnare se retourna ; et comme elle vit Beder dans la situation où il était, elle ne douta nullement qu'il ne dormît profondément. Le roi Beder cependant, bien loin de dormir, redoubla son attention pour ne rien perdre de ce que le Roi son oncle avait à dire avec tant de secret. « Il n'est pas besoin que vous vous contraigniez, dit la Reine au Roi son frère, vous pouvez parler librement, sans crainte d'être entendu. »

« Il n'est pas à propos, reprit le roi Saleh, que le Roi mon neveu ait si tôt connaissance de ce que j'ai à vous dire. L'amour, comme vous le savez, se prend quelquefois par l'oreille, et il n'est pas nécessaire qu'il aime de cette manière celle que j'ai à vous nommer. En effet, je vois de grandes difficultés à surmonter, non pas du côté de la princesse, comme je l'espère, mais du côté du Roi son père. Je n'ai qu'à vous nommer la princesse Giauhare *, et le roi de Samandal. »

« Que dites-vous, mon frère ? repartit la reine Gulnare; la princesse Giauhare n'est-elle pas encore mariée ? Je me souviens de l'avoir vue peu de temps avant que je me séparasse d'avec vous : elle avait environ dix-huit mois, et dès lors elle était d'une beauté surprenante. Il faut qu'elle soit aujourd'hui la merveille du monde, si sa beauté a toujours augmenté depuis ce temps-là. Le peu d'âge qu'elle a plus que le Roi mon fils ne doit pas nous empêcher de faire nos efforts pour lui procurer un parti si avantageux. Il ne

---

* Giauhare, en arabe, signifie pierre précieuse.

s'agit que de savoir les difficultés que vous y trouvez, et de les surmonter. »

« Ma sœur, répliqua le roi Saleh, c'est que le roi de Samandal est d'une vanité si insupportable, qu'il se regarde au-dessus de tous les autres Rois, et qu'il y a peu d'apparence de pouvoir entrer en traité avec lui sur cette alliance. J'irai moi-même néanmoins lui faire la demande de la princesse sa fille ; et s'il nous refuse, nous nous adresserons ailleurs, où nous serons écoutés plus favorablement. C'est pour cela, comme vous le voyez, ajouta-t-il, qu'il est bon que le Roi mon neveu ne sache rien de notre dessein, que nous ne soyons certains du consentement du roi de Samandal, de crainte que l'amour de la princesse Giauhare ne s'empare de son cœur, et que nous ne puissions réussir à la lui obtenir. » Ils s'entretinrent encore quelque temps sur le même sujet ; et avant de se séparer, ils convinrent que le roi Saleh retournerait incessamment dans son royaume, et ferait la demande de la princesse Giauhare au roi de Samandal pour le roi de Perse.

La reine Gulnare et le roi Saleh, qui croyaient que le roi Beder dormait véritablement, l'éveillèrent quand ils voulurent se retirer; et le roi Beder réussit fort bien à faire semblant de se réveiller, comme s'il eût dormi d'un profond sommeil. Il était vrai cependant qu'il n'avait pas perdu un mot de leur entretien, et que le portrait qu'ils avaient fait de la princesse Giauhare avait enflammé son cœur d'une passion qui lui était toute nouvelle. Il se forma une idée de sa beauté, si avantageuse, que le désir de la posséder lui fit passer toute la nuit dans des inquiétudes qui ne lui permirent pas de fermer l'œil un moment.

Le lendemain, le roi Saleh voulut prendre congé de la reine Gulnare et du Roi son neveu. Le jeune roi de Perse, qui savait bien que le Roi son oncle ne voulait partir si tôt que pour aller travailler à son bonheur, sans perdre de temps, ne laissa pas de changer de couleur à ce discours. Sa passion était déjà si forte, qu'elle ne lui permettait pas de demeurer sans voir l'objet qui la causait, aussi long-temps qu'il jugeait qu'il en mettrait à traiter de son mariage. Il prit la résolution de le prier de vouloir bien l'emmener avec lui; mais comme il ne voulait pas que la Reine sa mère en sût rien, afin d'avoir occasion de lui en parler en particulier, il l'engagea à demeurer encore ce jour-là, pour être d'une partie de chasse avec lui le jour suivant, résolu de profiter de cette occasion pour lui déclarer son dessein.

La partie de chasse se fit, et le roi Beder se trouva seul plusieurs fois avec son oncle; mais il n'eut pas la hardiesse d'ouvrir la bouche pour lui dire un mot de ce qu'il avait projeté. Au plus fort de la chasse, le roi Saleh s'étant séparé d'avec lui, et aucun de ses officiers ni de ses gens n'étant resté près de lui, il mit pied à terre près d'un ruisseau; et après qu'il eut attaché son cheval à un arbre qui faisait un très-bel ombrage le long du ruisseau, avec plusieurs autres qui le bordaient, il se coucha à demi sur le gazon, et donna un libre cours à ses larmes, qui coulèrent en abondance, accompagnées de soupirs et de sanglots. Il demeura longtemps dans cet état, abimé dans ses pensées, sans proférer une seule parole.

Le roi Saleh cependant, qui ne vit plus le Roi son neveu, fut dans une grande peine de savoir où il était, et il ne trouvait personne qui lui en donnât des nouvelles. Il se sépara d'avec les autres chasseurs; et en le cherchant, il l'aperçut de loin. Il avait remarqué dès le jour précédent, et encore plus clairement le même jour, qu'il n'avait pas son enjouement ordinaire, qu'il était rêveur, contre sa coutume, et qu'il n'était pas prompt à répondre aux demandes qu'on lui faisait; ou s'il y répondait, qu'il ne le faisait pas à propos. Mais il n'avait pas eu le moindre soupçon de la cause de ce changement. Dès qu'il le vit dans la situation où il était, il ne douta pas qu'il n'eût entendu l'entretien qu'il avait eu avec la reine Gulnare, et qu'il ne fût amoureux. Il mit pied à terre assez loin de lui : après qu'il eut attaché son cheval à un arbre, il prit un grand détour, et s'en approcha, sans faire de bruit, si près qu'il lui entendit prononcer ces paroles :

« Aimable princesse du royaume de Samandal, s'écria-t-il, on ne m'a fait sans doute qu'une faible ébauche de votre incomparable beauté. Je vous tiens encore plus belle, préférablement à toutes les princesses du monde, que le soleil n'est beau préférablement à la lune et à tous les astres ensemble. J'irais dès ce moment vous offrir mon cœur, si je savais où vous trouver ; il vous appartient, et jamais princesse ne le possédera que vous. »

Le roi Saleh n'en voulut pas entendre davantage ; il s'avança, et en se faisant voir au roi Beder : « A ce que je vois, mon neveu, lui dit-il, vous avez entendu ce que nous disions avant-hier de la princesse Giauhare, la Reine votre mère et moi. Ce n'était pas notre intention, et nous avons cru que vous dormiez. » « Mon cher oncle, reprit le roi Beder, je n'en ai pas perdu une parole, et j'en ai éprouvé l'effet que vous aviez prévu, et que vous n'avez pu éviter. Je vous avais retenu exprès, dans le dessein de vous parler de mon amour avant votre départ; mais la honte de vous faire un aveu de ma faiblesse, si c'en est une d'aimer une princesse si digne d'être aimée, m'a fermé la bouche. Je vous supplie donc, par l'amitié que vous avez pour un prince qui a l'honneur d'être votre allié de si près, d'avoir pitié de moi, et de ne pas attendre à me procurer la vue de la divine Gianhare, que vous ayez obtenu le consentement du Roi, son père, pour notre mariage, à moins que vous n'aimiez mieux que je meure d'amour pour elle avant de la voir. »

Ce discours du roi de Perse embarrassa fort le roi Saleh, qui lui représenta combien il était difficile qu'il lui donnât la satisfaction qu'il demandait; qu'il ne pouvait le faire sans l'emmener avec lui; et comme sa présence était nécessaire dans son royaume, que tout était à craindre s'il s'en absentait : il le conjura de modérer sa passion jusqu'à ce qu'il eût mis les choses en état de pouvoir le contenter, en l'assurant qu'il y allait employer toute la diligence possible, et qu'il viendrait lui en rendre compte dans peu de jours. Le

roi de Perse n'écouta pas ces raisons :
« Oncle cruel, repartit-il, je vois bien
que vous ne m'aimez pas autant que je
me l'étais persuadé, et que vous aimez
mieux que je meure que de m'accorder la
première prière que je vous ai faite de
ma vie ! »

« Je suis prêt à faire voir à Votre Majesté, répliqua le roi Saleh, qu'il n'y a
rien que je ne veuille faire pour vous obliger ; mais je ne puis vous emmener avec
moi, que vous n'en ayiez parlé à la Reine
votre mère. Que dirait-elle de vous et de
moi ? Je le veux bien si elle y consent, et
je joindrai mes prières aux vôtres. « Vous
n'ignorez pas, reprit le roi de Perse, que
la Reine ma mère ne voudra jamais que
je l'abandonne, et cette excuse me fait
mieux connaître la dureté que vous avez
pour moi. Si vous m'aimez autant que vous
voulez que je le croie, il faut que vous
retourniez en votre royaume dès ce moment, et que vous m'emmeniez avec
vous. »

Le roi Saleh, forcé de céder à la volonté du roi de Perse, tira une bague qu'il avait au doigt, où étaient gravés les mêmes noms mystérieux de Dieu, que sur le sceau de Salomon, qui avaient fait tant de prodiges par leur vertu. En la lui présentant : « Prenez cette bague, dit-il, mettez-la à votre doigt, et ne craignez ni les eaux de la mer, ni sa profondeur. » Le roi de Perse prit la bague, et quand il l'eut mise au doigt : « Faites comme moi, lui dit encore le roi Saleh. » Et en même-temps ils s'élevèrent en l'air légèrement, en s'avançant vers la mer, qui n'était pas éloignée, où ils se plongèrent. »

Le roi marin ne mit pas beaucoup de temps à arriver à son palais avec le roi de Perse, son neveu, qu'il mena d'abord à l'appartement de la Reine, à qui il le présentta. Le roi de Perse baisa la main de la Reine sa grand'mère, et la Reine l'embrassa avec une grande démonstration de joie. « Je ne vous demande pas des nouvelles de votre santé, lui dit-elle ; je vois que vous vous portez bien, et j'en suis ravie ; mais je vous prie de m'en apprendre de celles de la reine Gulnare, votre mère et ma fille. » Le roi de Perse se garda bien de lui dire qu'il était parti sans prendre congé d'elle; il l'assura au contraire qu'il l'avait laissée en parfaite santé; et qu'elle l'avait chargé de lui bien faire ses complimens. La Reine lui présenta ensuite les princesses, et pendant qu'elle lui donna lieu de s'entretenir avec elles, elle entra dans un cabinet avec le roi Saleh, qui lui apprit l'amour du roi de Perse pour la princesse Giauhare, sur le seul récit de sa beauté, et contre son intention; qu'il l'avait amené sans avoir pu s'en défendre, et qu'il allait aviser aux moyens de la lui procurer en mariage.

Quoique le roi Saleh, à proprement parler, fût innocent de la passion du roi de Perse, la Reine, néanmoins, lui sut fort mauvais gré d'avoir parlé de la princesse Giauhare devant lui avec si peu de précaution. « Votre imprudence n'est point pardonnable, lui dit-elle : espérez-vous que le roi de Samandal, dont le caractère vous est si connu, aura plus de considération pour vous que pour tant d'autres Rois à qui il a refusé sa fille avec un mépris si éclatant? Voulez-vous qu'il vous renvoie avec la même confusion ? »

« Madame, reprit le roi Saleh, je vous ai déjà marqué que c'est contre mon intention que le Roi mon neveu a entendu ce que j'ai raconté de la beauté de la princesse Giauhare à la princesse ma sœur. La faute est faite, et nous devons songer qu'il l'aime très-passionnément, et qu'il mourra d'affliction et de douleur si nous ne la lui obtenons, en quelque manière que ce soit. Je ne dois y rien oublier, puisque c'est moi, quoique innocemment, qui ai fait le mal, et j'emploierai tout ce qui est en mon pouvoir pour y apporter le remède. J'espère, Madame, que vous approuverez ma résolution d'aller trouver moi-même le roi de Samandal, avec un riche présent de pierreries, et lui demander la princesse sa fille pour le roi de Perse, votre petit-fils. J'ai quelque confiance qu'il ne me refusera pas, et qu'il agréera de s'allier avec un des plus puissans monarques de la terre. »

« Il eût été à souhaiter reprit la Reine, que nous n'eussions pas été dans la nécessité de faire cette demande, dont il n'est pas sûr que nous ayions un succès aussi heureux que nous le souhaiterions ; mais comme il s'agit du repos et de la satisfaction du Roi mon petit-fils, j'y donne mon consentement. Sur toute chose, puisque vous connaissez l'humeur du roi de Samandal, prenez garde, je vous en supplie, de lui parler avec tous les égards qui lui sont dus, et d'une manière si obligeante, qu'il ne s'en offense pas. »

La Reine prépara le présent elle-même, et le composa de diamans, de rubis, d'émeraudes et de fils de perles, et les mit dans une cassette fort riche et fort propre. Le lendemain, le roi Saleh prit congé d'elle et du roi de Perse, et partit avec une troupe choisie et peu nombreuse de ses officiers et de ses gens. Il arriva bientôt au royaume, à la capitale et au palais du roi de Samandal; et le roi de Samandal ne différa pas de lui donner audience, dès qu'il eut appris son arrivée. Il se leva de son trône dès qu'il le vit paraître; et le roi Saleh, qui voulut bien oublier ce qu'il était pour quelques momens, se prosterna à ses pieds, en lui souhaitant l'accomplissement de tout ce qu'il pouvait désirer. Le roi de Samandal se baissa aussitôt pour le faire relever, et après qu'il lui eut fait prendre place auprès de lui, il lui dit qu'il était le bienvenu, et lui demanda s'il y avait quelque chose qu'il pût faire pour son service.

« Sire, répondit le roi Saleh, quand je n'aurais pas d'autres motifs que celui de rendre mes respects à un prince des plus puissans qu'il y ait au monde, et si distingué par sa sagesse et par sa valeur, je ne marquerais que faiblement à Votre Majesté combien je l'honore. Si elle pouvait pénétrer jusqu'au fond de mon cœur, elle connaîtrait la grande vénération dont il est rempli pour elle, et le désir ardent que j'ai de lui donner des témoignages de mon attachement. » En disant ces paroles, il prit la cassette des mains d'un de ses gens, l'ouvrit, et en la lui présentant, il le supplia de vouloir bien l'agréer.

« Prince, reprit le roi de Samandal, vous ne faites pas un présent de cette considération, que vous n'ayiez une demande proportionnée à me faire. Si c'est quelque chose qui dépende de mon pouvoir, je me ferai un très-grand plaisir de vous l'accorder. Parlez, et dites-moi librement en quoi je puis vous obliger. »

« Il est vrai, Sire, repartit le roi Saleh, que j'ai une grâce à demander à Votre Majesté, et je me garderais bien de la lui demander, s'il n'était en son pouvoir de me la faire. La chose dépend d'elle si absolument, que je la demanderais en vain à tout autre. Je la lui demande donc avec toutes les instances possibles, et je la supplie de ne me la pas refuser. » « Si cela est ainsi, répliqua le roi de Samandal, vous n'avez qu'à m'apprendre ce que c'est, et vous verrez de quelle manière je sais obliger quand je le puis. »

« Sire, lui dit alors le roi Saleh, après la confiance que Votre Majesté veut bien que je prenne sur sa bonne volonté, je ne dissimulerai pas davantage que je viens la supplier de nous honorer de son alliance, par le mariage de la princesse Giauhare, son honorable fille, et de fortifier par-là la bonne intelligence qui unit les deux royaumes depuis si long-temps. »

A ce discours, le roi de Samandal fit de grands éclats de rire, en se laissant aller à la renverse sur le coussin où il avait le dos appuyé, et d'une manière injurieuse au roi Saleh : « Roi Saleh, lui dit-il d'un air de mépris, je m'étais imaginé que vous étiez un prince d'un bon sens, sage et avisé ; et votre discours, au contraire, me fait connaître combien je me suis trompé. Dites-moi, je vous prie, où était votre esprit quand vous vous êtes formé une chimère aussi grande que celle dont vous venez de me parler ? Avez-vous bien pu concevoir seulement la pensée d'aspirer au mariage d'une princesse, fille d'un Roi aussi grand et aussi puissant que je le suis ? Vous deviez mieux considérer auparavant la grande distance qu'il y a de vous à moi, et ne pas venir perdre en un moment l'estime que je faisais de votre personne. »

Le roi Saleh fut extrêmement offensé d'une réponse si outrageante, et il eut bien de la peine à retenir son juste ressentiment. « Que Dieu, Sire, reprit-il avec toute la modération possible, récompensé Votre Majesté comme elle le mérite; elle voudra bien que j'aie l'honneur de lui dire que je ne demande pas la princesse sa fille en mariage pour moi. Quand cela serait, bien loin que Votre Majesté dût s'en offenser, ou la princesse elle-même, je croirais faire beaucoup d'honneur à l'un et à l'autre. Votre Majesté sait bien que je suis un des Rois de la mer, comme elle; que les Rois mes prédécesseurs ne cèdent en rien, par leur ancienneté, à aucune des autres familles royales, et que le royaume que je tiens d'eux n'est pas moins florissant, ni moins puissant que de leur temps. Si elle ne m'eût pas interrompu, elle eût bientôt compris que la grâce que je lui demande ne me regarde pas, mais le jeune roi de Perse, mon neveu, dont la puissance et la grandeur, non plus que les qualités personnelles, ne doivent pas lui être inconnues. Tout le monde reconnaît que la princesse Giauhare est la plus belle personne qu'il y ait sous les cieux; mais il n'est pas moins vrai que le jeune roi de Perse est le prince le mieux fait et le plus accompli qu'il y ait sur la terre et dans tous les royaumes de la mer : les avis ne sont point partagés là-dessus. Ainsi, comme la grâce que je demande ne peut tourner qu'à une grande gloire pour elle et pour la princesse Giauhare, elle ne doit pas douter que le consentement qu'elle donnera à une alliance si proportionnée, ne soit suivi d'une approbation universelle. La princesse est digne du roi de Perse, et le roi de Perse n'est pas moins digne d'elle. Il n'y a ni Roi ni prince au monde qui puisse le lui disputer. »

Le roi de Samandal n'eût pas donné le loisir au roi Saleh de lui parler si long-temps, si l'emportement où il le mit lui en eût laissé la liberté. Il fut encore du temps sans prendre la parole, après qu'il eut cessé, tant il était hors de lui-même. Il éclata enfin par des injures atroces et indignes d'un grand Roi. « Chien ! s'écria-t-il, tu oses me tenir ce discours, et proférer seulement le nom de ma fille devant moi ! Penses-tu que le fils de ta sœur Gulnare puisse entrer en comparaison avec ma fille ? Qui-es-tu, toi ? Qui était ton père ? Qui est ta sœur, et qui est ton neveu ? Son père n'était-il pas un chien, et fils de chien comme toi ? Qu'on arrête l'insolent, et qu'on lui coupe le cou. »

Les officiers, en petit nombre, qui étaient autour du roi de Samandal, se mirent aussitôt en devoir d'obéir ; mais comme le roi Saleh était dans la force de son âge, léger et dispos, il s'échappa avant qu'ils eussent tiré le sabre, et il gagna la porte du palais, où il trouva mille hommes de ses parens et de sa maison, bien armés et bien équipés, qui ne faisaient que d'arriver. La Reine sa mère avait fait réflexion sur le peu de monde qu'il avait pris avec lui ; et comme elle avait pressenti la mauvaise réception que le roi de Samandal pouvait lui faire, elle les avait envoyés, et priés de faire grande diligence. Ceux de ses parens qui se trouvèrent à la tête, se surent bon gré d'être arrivés si à propos, quand ils le virent venir avec ses gens qui le suivaient dans un grand désordre, et qu'on le poursuivait. « Sire, s'écrièrent-ils au moment qu'il les joignait, de quoi s'agit-il ? Nous voici prêts à vous venger : vous n'avez qu'à commander. »

Le roi Saleh leur raconta la chose en peu de mots, se mit à la tête d'une grosse troupe, pendant que les autres restèrent à la porte, dont ils se saisirent, et retourna sur ses pas. Comme le peu d'officiers et de gardes qui l'avaient poursuivi s'étaient dissipés, il rentra dans l'appartement du roi de Samandal, qui fut d'abord abandonné des autres, et arrêté en même temps. Le roi Saleh laissa du monde suffisamment auprès de lui pour s'assurer de sa personne, et il alla d'appartement en appartement, en cherchant celui de la princesse Giauhare. Mais au premier bruit, cette princesse s'était élancée à la surface de la mer, avec les femmes qui s'étaient trouvées auprès d'elle, et s'était sauvée dans une île déserte.

Comme ces choses se passaient au palais du roi de Samandal, des gens du roi Saleh, qui avaient pris la fuite dès les premières menaces de ce Roi, mirent la Reine sa mère dans une grande alarme, en lui annonçant le danger où ils l'avaient laissé.

Le jeune roi Beder, qui était présent à leur arrivée, en fut d'autant plus alarmé, qu'il se regarda comme la première cause de tout le mal qui en pouvait arriver. Il ne se sentit pas assez de courage pour soutenir la présence de la reine sa grand'mère, après le danger où était le roi Saleh à son occasion. Pendant qu'il la vit occupée à donner les ordres qu'elle jugea nécessaire dans cette conjoncture, il s'élança du fond de la mer; et comme il ne savait quel chemin prendre pour retourner au royaume de Perse, il se sauva dans la même île où la princesse Giauhare s'était sauvée.

Comme ce prince était hors de lui-même, il alla s'asseoir au pied d'un grand arbre qui était environné de plusieurs autres.

Dans le temps qu'il reprenait ses esprits, il entendit que l'on parlait : il prêta aussitôt l'oreille ; mais comme il était un peu trop éloigné pour rien comprendre de ce que l'on disait, il se leva, et en s'avançant, sans faire de bruit, du côté d'où venait le son des paroles, il aperçut entre des feuillages une beauté dont il fut ébloui. « Sans doute, dit-il en lui-même en s'arrêtant, et en la considérant avec admiration, que c'est la princesse Giauhare, que la frayeur a peut-être obligée d'abandonner le palais du Roi son père ; si ce n'est pas elle, elle ne mérite pas moins que je l'aime de toute ame. » Il ne s'arrêta pas davantage, il se fit voir, et en s'approchant de la princesse avec une profonde révérence. « Madame, lui dit-il, je ne puis assez remercier le Ciel de la faveur qu'il me fait aujourd'hui d'offrir à mes yeux ce qu'il voit de plus beau. Il ne pouvait m'arriver un plus grand bonheur que l'occasion de vous faire offre de mes très-humbles services. Je vous supplie, Madame, de l'accepter : une personne comme vous ne se trouve pas dans cette solitude sans avoir besoin de secours. »

« Il est vrai, Seigneur, reprit la princesse Giauhare d'un air fort triste, qu'il est très-extraordinaire à une dame de mon rang de se trouver dans l'état où je suis. Je suis princesse, fille du roi de Samandal, et je m'appelle Giauhare. J'étais tranquillement dans mon palais, dans mon appartement, lorsque tout à coup j'ai entendu un bruit effroyable. On est venu m'annoncer aussitôt que le roi Saleh, je ne sais pour quel sujet, avait forcé le palais, et s'était saisi du Roi mon père, après avoir fait main basse sur tous ceux de sa garde qui lui avaient fait résistance. Je n'ai eu que le temps de me sauver, et de chercher ici un asile contre sa violence. »

Au discours de la princesse, le roi Beder eut de la confusion d'avoir abandonné la Reine sa grand'mère si brusquement sans attendre l'éclaircissement de la nouvelle qu'on lui avait apportée. Mais il fut ravi que le Roi son oncle se fût rendu maître de la personne du roi de Samandal : il ne douta pas, en effet, que le roi de Samandal ne lui accordât la princesse pour avoir sa liberté. « Adorable Princesse, reprit-il, votre douleur est juste ; mais il est aisé de la faire cesser avec la captivité du Roi votre père. Vous en tomberez d'accord lorsque vous saurez que je m'appelle Beder, que je suis roi de Perse, et que le roi Saleh est mon oncle. Je puis bien vous assurer qu'il n'a aucun dessein de s'emparer des États du Roi votre père. Il n'a d'autre but que d'obtenir que j'aie l'honneur et le bonheur d'être son gendre, en vous recevant de sa main pour épouse. Je vous avais déjà abandonné mon cœur sur le seul récit de votre beauté et de vos charmes. Loin de m'en repentir, je vous supplie de le recevoir, et d'être persuadée qu'il ne brûlera jamais que pour vous. J'ose espérer que vous ne le refuserez pas, et que vous considérerez qu'un Roi qui est sorti de ses États uniquement pour venir vous l'offrir, mérite de la reconnaissance. Souffrez-donc, belle Princesse, que j'aie l'honneur d'aller vous présenter à mon oncle. Le Roi votre père n'aura pas sitôt donné son consentement de notre mariage, qu'il le laissera maître de ses États comme auparavant. »

La déclaration du roi Beder ne produisit pas l'effet qu'il en avait attendu. La princesse ne l'avait pas plutôt aperçu, qu'à sa bonne mine, à son air, et à la bonne grâce avec laquelle il l'avait abordée, elle l'avait regardé comme une personne qui ne lui eût pas déplu. Mais dès qu'elle eut appris par lui-même qu'il était la cause du mauvais traitement qu'on venait de faire au Roi son père, de la douleur qu'elle en avait, de la frayeur qu'elle en avait eue elle-même, par rapport à sa propre personne, et de la nécessité où elle avait été réduite de prendre la fuite, elle le regarda comme un ennemi avec qui elle ne devait pas avoir de commerce. D'ailleurs, quelque disposition qu'elle eût à consentir elle-même au mariage qu'il désirait, comme elle jugea qu'une des raisons que le Roi son père pouvait avoir de rejeter cette alliance, c'était que le roi Beder était né d'un roi de la terre, elle était résolue de se soumettre entièrement à sa volonté sur cet article. Elle ne voulut pas néanmoins témoigner rien de son ressentiment; elle imagina seulement un moyen de se délivrer adroitement des mains du roi Béder; et en faisant semblant de le voir avec plaisir : « Seigneur, reprit-elle avec toute l'honnêteté possible, vous êtes donc fils de la reine Gulnare, si célèbre par sa beauté singulière? J'en ai bien de la joie; je suis ravie de voir en vous un prince si digne d'elle. Le Roi mon père a grand tort de s'opposer si fortement à nous unir ensemble. Il ne vous aura pas plutôt vu, qu'il n'hésitera pas à nous rendre heureux l'un et l'autre. » En disant ces paroles, elle lui présenta la main pour marque d'amitié.

Le roi Beder crut qu'il était au comble de son bonheur; il avança la main, et prenant celle de la princesse, il se baissa pour la baiser par respect. La princesse ne lui en donna pas le temps.

« Téméraire, lui dit-elle en le repous-
« sant et en lui crachant au visage faute
« d'eau, quitte cette forme d'homme, et
« prends celle d'un oiseau blanc, avec le
« bec et les pieds rouges. »

Dès qu'elle eut prononcé ces paroles, le roi Beder fut changé en oiseau de cette forme, avec autant de mortification que d'étonnement. « Prenez-le, dit-elle aussitôt à une de ses femmes, et portez-le dans l'île Sèche. » Cette île n'était qu'un rocher affreux, où il n'y avait pas une goutte d'eau.

La femme prit l'oiseau; et en exécutant l'ordre de la princesse Giauhare, elle eut compassion de la destinée du roi Beder. « Ce serait dommage, dit-elle en elle-même, qu'un prince si digne de vivre mourût de faim et de soif. La princesse, si bonne et si douce, se repentira peut-être elle-même d'un ordre si cruel, quand elle sera revenue de sa grande colère; il vaut mieux que je le porte dans un lieu où il puisse mourir de sa belle mort. » Elle le porta dans une île bien peuplée, et elle le laissa dans une campagne très-agréable, plantée de toutes sortes d'arbres fruitiers, et arrosée de plusieurs ruisseaux.

Revenons au roi Saleh. Après qu'il eut cherché lui-même la princesse Giauhare, et qu'il l'eut fait chercher par tout le palais sans la trouver, il fit enfermer le roi de Samandal dans son propre palais, sous bonne garde; et quand il eut donné les ordres nécessaires pour le gouvernement du royaume en son absence, il vint rendre compte à la Reine sa mère de l'action qu'il venait de faire. Il demanda où était le Roi son neveu en arrivant, et il apprit avec une grande surprise et beaucoup de chagrin qu'il avait disparu. « On est venu nous apprendre, lui dit la Reine, le grand danger où vous étiez au palais du roi de Samandal ; et pendant que je donnais des ordres pour vous envoyer d'autres secours, ou pour vous venger, il a disparu. Il faut qu'il ait été épouvanté d'apprendre que vous étiez en danger, et qu'il n'ait pas cru qu'il fût en sûreté avec nous. »

Cette nouvelle affligea extrêmement le roi Saleh, qui se repentit alors de la trop grande facilité qu'il avait eue de condescendre au désir du roi Beder, sans en parler auparavant à la reine Gulnare. Il envoya après lui de tous les côtés ; mais quelque diligence qu'il pût faire, on ne lui en apporta aucune nouvelle ; et au lieu de la joie qu'il s'était déjà faite d'avoir si fort avancé un mariage qu'il regardait comme son ouvrage, la douleur qu'il eut de cet accident, auquel il ne s'attendait pas, en fut plus mortifiante. En attendant qu'il apprît de ses nouvelles, bonnes ou mauvaises, il laissa son royaume sous l'administration de la Reine, et alla gouverner celui du roi de Samandal, qu'il continua de faire garder avec beaucoup de vigilance, quoiqu'avec tous les égards dus à son caractère.

Le même jour que le roi Saleh était parti pour retourner au royaume de Samandal, la reine Gulnare, mère du roi Beder, arriva chez la Reine sa mère. Cette princesse ne s'était pas étonnée de n'avoir pas vu revenir le Roi son fils le jour de son départ. Elle s'était imaginée que l'ardeur de la chasse, comme cela lui était arrivé quelquefois, l'avait emporté plus loin qu'il ne se l'était proposé. Mais quand elle vit qu'il n'était pas revenu le lendemain, ni le jour d'après, elle en fut dans une alarme dont il était aisé de juger par la tendresse qu'elle avait pour lui. Cette alarme fut beaucoup plus grande, quand elle eut appris des officiers qui l'avaient accompagné, et qui avaient été obligés de revenir après l'avoir cherché long-temps, lui et le roi Saleh son oncle, sans les avoir trouvés, qu'il fallait qu'il leur fût arrivé quelque chose de fâcheux, ou qu'ils fussent ensemble en quelque endroit qu'ils ne pouvaient deviner; qu'ils avaient bien trouvé leurs chevaux; mais que pour leurs personnes ils n'en avaient eu aucune nouvelle, quelques diligences qu'ils eussent faites pour en apprendre. Sur ce rapport, elle avait pris le parti de dissimuler et de cacher son affliction, et elle les avait chargés de retourner sur leurs pas et de faire encore leurs diligences. Pendant ce temps-là elle avait pris son parti; et sans rien dire à personne, et après avoir dit à ses femmes qu'elle voulait être seule, elle s'était plongée dans la mer pour s'éclaircir sur le soupçon qu'elle avait que le roi Saleh pouvait avoir emmené le roi de Perse avec lui.

Cette grande Reine eût été reçue par la Reine sa mère avec un grand plaisir, si, dès qu'elle l'eut aperçue, elle ne se fût doutée du sujet qui l'avait amenée. « Ma fille, lui dit-elle, ce n'est pas pour me voir que vous venez ici, je m'en aperçois bien. Vous venez me demander des nouvelles du Roi votre fils, et celles que j'ai à vous en donner ne sont capables que d'augmenter votre affliction, aussi bien que la mienne. J'avais eu une grande joie de le voir arriver avec le Roi son oncle; mais je n'eus pas plutôt appris qu'il était parti sans vous en avoir parlé, que je pris part à la peine que vous en souffririez. » Elle lui fit ensuite le récit du zèle avec lequel le roi Saleh était allé faire lui-même la demande de la princesse Giauhare, et de ce qui en était arrivé, jusqu'au moment où le roi Beder avait disparu. J'ai envoyé du monde après lui, ajouta-t-elle; et le Roi mon fils, qui ne fait que de partir pour aller gouverner le royaume de Samandal, a fait aussi ses diligences de son côté : ça été sans succès jusqu'à présent; mais il faut espérer que nous le reverrons lorsque nous ne l'attendrons pas. »

La désolée Gulnare ne se paya pas d'abord de cette espérance; elle regarda le Roi son cher fils comme perdu, et elle pleura amèrement, en mettant toute la faute sur le Roi son frère. La Reine sa mère lui fit considérer la nécessité qu'il y avait qu'elle fît des efforts pour ne pas succomber à sa douleur. « Il est vrai, lui dit-elle, que le Roi votre frère ne devait pas vous parler de ce mariage avec si peu de précaution, ni consentir jamais à emmener le Roi mon petit-fils, sans vous en avertir auparavant. Mais comme il n'y a pas de certitude que le roi de Perse ait péri, vous ne devez rien négliger pour lui conserver son royaume. Ne perdez donc pas de temps, retournez à votre capitale; votre présence y est nécessaire; et il ne vous sera pas difficile de tenir toutes choses dans l'état paisible où elles sont, en faisant publier que le roi de Perse a été bien aise de venir nous voir. »

Il ne fallait pas moins qu'une raison aussi forte que celle-là, pour obliger la reine Gulnare de s'y rendre. Elle prit congé de la Reine sa mère, et elle fut de retour au palais de sa capitale de Perse avant qu'on se fût aperçu qu'elle s'en était absentée. Elle dépêcha aussitôt des gens pour rappeler les officiers qu'elle avait renvoyés à la quête du Roi son fils, et leur annoncer qu'elle savait où il était, et qu'on le reverrait bientôt. Elle en fit aussi répandre le bruit par toute la ville, et elle gouverna toutes choses de concert avec le premier ministre et le conseil, avec la même tranquillité que si le roi Beder eût été présent.

Pour revenir au roi Beder, que la femme de la princesse Giauhare avait porté et laissé dans l'île, comme nous l'avons dit, ce monarque fut dans un grand étonnement quand il se vit seul et sous la forme d'un oiseau. Il s'estima d'autant plus malheureux dans cet état, qu'il ne savait où il était, ni en qu'elle partie du monde le royaume de Perse était situé. Quand il l'eut su, et qu'il eût assez connu la force de ses ailes pour hasarder à traverser tant de mers, et à s'y rendre, qu'eût-il gagné autre chose, que de se trouver dans la même peine et dans la même difficulté où il était, d'être connu non pas pour roi de Perse, mais même pour un homme ? Il fut contraint de demeurer où il était, de vivre de la même nourriture que les oiseaux de son espèce, et de passer la nuit sur un arbre.

Au bout de quelques jours, un paysan, fort adroit à prendre des oiseaux aux filets, arriva à l'endroit où il était, et eut une grande joie quand il eut aperçu un si bel oiseau, d'une espèce qui lui était inconnue, quoiqu'il y eût de longues années qu'il chassait aux filets. Il employa toute l'adresse dont il était capable, et il prit si bien ses mesures qu'il prit l'oiseau. Ravi d'une si bonne capture, qui, selon l'estime qu'il en fit, devait lui valoir plus que beaucoup d'autres oiseaux ensemble de ceux qu'il prenait ordinairement, à cause de sa rareté, il le mit dans une cage et le porta à la ville. Dès qu'il fut arrivé au marché, un bourgeois l'arrêta, et lui demanda combien il voulait vendre l'oiseau.

Au lieu de répondre à cette demande, le paysan demanda au bourgeois, à son tour, ce qu'il en prétendait faire quand il aurait acheté. « Bonhomme, reprit le bourgeois, que veux-tu que j'en fasse, si je ne le fais rôtir pour le manger? » « Sur ce pied-là, repartit le paysan, vous croiriez l'avoir bien acheté si vous m'en aviez donné la moindre pièce d'argent. Je l'estime bien davantage: et ce ne serait pas pour vous, quand vous m'en donneriez une pièce d'or. Je suis bien vieux; mais depuis que je me connais, je n'en ai pas encore vu un pareil. Je vais en faire un présent au Roi : il en connaîtra mieux le prix que vous. »

Au lieu de s'arrêter au marché, le paysan alla au palais, où il s'arrêta devant l'appartement du Roi. Le Roi était près d'une fenêtre, d'où il voyait tout ce qui se passait dans la place. Comme il eut aperçu le bel oiseau, il envoya un officier des eunuques, avec ordre de lui acheter. L'officier vint au paysan, et lui demanda combien il voulait le vendre. « Si c'est pour sa Majesté, reprit le paysan, je la supplie d'agréer que je lui en fasse un présent, et je vous prie de le lui porter. » L'officier porta l'oiseau au Roi, et le Roi le trouva si singulier, qu'il chargea l'officier de porter dix pièces d'or au paysan, qui se retira très-content, après quoi il mit l'oiseau dans une cage magnifique, et lui donna du grain et de l'eau dans des vases précieux.

Le Roi, qui était prêt à monter à cheval pour aller à la chasse, et qui n'avait pas eu le temps de bien voir l'oiseau, se le fit apporter dès qu'il fut de retour. L'officier apporta la cage ; et afin de le mieux considérer, le Roi l'ouvrit lui-même, et prit l'oiseau sur sa main. En le regardant avec une grande admiration, il demanda à l'officier s'il l'avait vu manger. « Sire, reprit l'officier, Votre Majesté peut voir que le vase de sa mangeaille est encore plein, et je n'ai pas remarqué qu'il y ait touché. » Le Roi dit qu'il fallait lui en donner de plusieurs sortes, afin qu'il choisît celle qui lui conviendrait.

Comme on avait déjà mis la table, on servit dans le temps que le Roi prescrivit cet ordre. Dès qu'on eut posé les plats, l'oiseau battit des ailes, s'échappa de la main du Roi, vola sur la table, où il se mit à becqueter sur le pain et sur les viandes, tantôt dans un plat, et tantôt dans un autre. Le Roi en fut si surpris, qu'il envoya l'officier des eunuques avertir la Reine de venir voir cette merveille. L'officier raconta la chose à la Reine en peu de mots, et la Reine vint aussitôt. Mais dès qu'elle eut vu l'oiseau, elle se couvrit le visage de son voile, et voulut se retirer. Le Roi, étonné de cette action, d'autant plus qu'il n'y avait que des eunuques dans la chambre, et des femmes qui l'avaient suivie, lui demanda la raison qu'elle avait d'en user ainsi.

« Sire, répondit la Reine, Votre Majesté n'en sera pas étonnée, quand elle aura appris que cet oiseau n'est pas un oiseau comme elle se l'imagine, et que c'est un homme. » « Madame, reprit le Roi, plus étonné qu'auparavant, vous voulez vous moquer de moi sans doute; vous ne me persuaderez pas qu'un oiseau soit un homme. » « Sire, Dieu me garde de me moquer de Votre Majesté! Rien n'est plus vrai que ce que j'ai l'honneur de lui dire, et je l'assure que c'est le roi de Perse, qui se nomme Beder, fils de la célèbre Gulnare, princesse d'un des plus grands royaumes de la mer, neveu de Saleh, Roi de ce royaume, et petit-fils de la reine Farasche, mère de Gulnare et de Saleh; et c'est la princesse Giauhare, fille du roi de Samandal, qui l'a ainsi métamorphosé. » Afin que le Roi n'en pût pas douter, elle lui raconta comment et pourquoi la princesse Giauhare s'était ainsi vengée du mauvais traitement que le roi Saleh avait fait au roi de Samandal son père.

Le Roi eut d'autant moins de peine à ajouter foi à tout ce que la Reine lui raconta de cette histoire, qu'il savait qu'elle était une magicienne des plus habiles qu'il y eût jamais eu au monde, et que comme elle n'ignorait rien de tout ce qui s'y passait, il était d'abord informé, par ses moyens, des mauvais desseins des Rois ses voisins contre lui, et les prévenait. Il eut compassion du roi de Perse, il pria la Reine avec instance de rompre l'enchantement qui le retenait sous cette forme.

La Reine y consentit avec beaucoup de plaisir. « Sire, dit-elle au Roi, que Votre Majesté prenne la peine d'entrer dans son cabinet avec l'oiseau, je lui ferai voir en peu de momens un Roi digne de la considération qu'elle a pour lui. » L'oiseau, qui avait cessé de manger pour être attentif à l'entretien du Roi et de la Reine, ne donna pas au Roi la peine de le prendre ; il passa le premier dans le cabinet et la Reine y rentra bientôt après avec un vase plein d'eau à la main. Elle prononça sur le vase des paroles inconnues au Roi, jusqu'à ce que l'eau commençât à bouillonner, elle en prit aussitôt dans la main, et en la jetant sur l'oiseau :

« Par la vertu des paroles saintes et
« mystérieuses que je viens de prononcer,
« dit-elle, et au nom du Créateur du ciel
« et de la terre, qui ressuscite les morts
« et maintient l'univers dans son état,
« quitte cette forme d'oiseau, et reprends
« celle que tu as reçue de ton Créateur. »

La Reine avait à peine achevé ces paroles, qu'au lieu de l'oiseau, le Roi vit paraître un jeune prince de belle taille, dont le bel air et la bonne mine le charmèrent. Le roi Beder se prosterna d'abord, et rendit grâces à Dieu de celle qu'il venait de lui faire. Il prit la main du Roi en se relevant, et la baisa, pour lui marquer sa parfaite reconnaissance; mais le Roi l'embrassa avec bien de la joie, et lui témoigna combien il avait de satisfaction de le voir. Il voulut aussi remercier la Reine; mais elle était déjà retirée à son appartement. Le Roi le fit mettre à table avec lui, et après le repas, il le pria de lui raconter comment la princesse Giauhare avait eu l'inhumanité de transformer en oiseau un prince aussi aimable qu'il l'était ; et le roi de Perse le satisfit d'abord. Quand il eut achevé, le Roi, indigné du procédé de la princesse, ne put s'empêcher de la blâmer. « Il était louable à la princesse de Samandal, reprit-il, de n'être pas insensible au traitement qu'on avait fait au Roi son père ; mais qu'elle ait poussé la vengeance à un si grand excès contre un prince qui ne devait pas en être accusé, c'est de quoi elle ne se justifiera jamais auprès de personne. Mais laissons ce discours, et dites-moi en quoi je puis vous obliger davantage. »

« Sire, repartit le roi Beder, l'obligation que j'ai à Votre Majesté est si grande, que je devrais demeurer toute ma vie auprès d'elle pour lui en témoigner ma reconnaissance ; mais puisqu'elle ne met pas de bornes à sa générosité, je la supplie de vouloir bien m'accorder un de ses vaisseaux pour me ramener en Perse, où je crains que mon absence, qui n'est déjà que trop longue, n'ait causé du désordre, et même que la Reine ma mère, à qui j'ai caché mon départ, ne soit morte de douleur, dans l'incertitude où elle doit avoir été de ma vie ou de ma mort. »

Le Roi lui accorda ce qu'il demandait de la meilleure grâce du monde; et, sans différer, il donna l'ordre pour l'équipement d'un vaisseau le plus fort et le meilleur voilier qu'il eût dans sa flotte nombreuse. Le vaisseau fut bientôt fourni de tous ses agrès, de matelots, de soldats, de provisions et de munitions nécessaires; et dès que le vent fut favorable, le roi Beder s'y embarqua, après avoir pris congé du Roi, et l'avoir remercié de tous les bienfaits dont il lui était redevable.

Le vaisseau mit à la voile avec le vent en poupe, qui le fit avancer considérablement dans sa route dix jours sans discontinuer; le onzième jour, il devint un peu contraire; il augmenta, et enfin il fut si violent, qu'il causa une tempête furieuse. Le vaisseau ne s'écarta pas seulement de sa route, il fut encore si fortement agité, que tous ses mâts se rompirent, et que, porté au gré du vent, il donna sur une sèche, et s'y brisa.

La plus grande partie de l'équipage fut submergée d'abord; les uns se fièrent à la force de leurs bras pour se sauver à la nage, et les autres se prirent à quelque pièce de bois, ou à une planche. Beder fut des derniers; et, emporté tantôt par les courans, et tantôt par les vagues, dans une grande incertitude de sa destinée, il s'aperçut enfin qu'il était près de terre, et peu loin d'une ville de grande apparence. Il profita de ce qui lui restait de force pour y aborder, et il arriva enfin si près du rivage, où la mer était tranquille, qu'il toucha le fond. Il abandonna aussitôt la pièce de bois qui lui avait été d'un si grand secours. Mais en s'avançant dans l'eau pour gagner la grève, il fut fort surpris de voir accourir de toutes parts des chevaux, des chameaux, des mulets, des ânes, des bœufs, des vaches, des taureaux et d'autres animaux qui bordèrent le rivage, et se mirent en état de l'empêcher d'y mettre le pied. Il eut toutes les peines du monde à vaincre leur obstination et à se faire passage. Quand il en fut venu à bout, il se mit à l'abri de quelques rochers, jusqu'à ce qu'il eût un peu repris haleine, et qu'il eût séché son habit au soleil.

Lorsque ce prince voulut s'avancer pour entrer dans la ville, il eut encore la même difficulté avec les mêmes animaux, comme s'ils eussent voulu le détourner de son dessein, et lui faire comprendre qu'il y avait du danger pour lui.

Le roi Beder entra dans la ville, et il y vit plusieurs rues belles et spacieuses, mais avec un grand étonnement de ce qu'il ne rencontrait personne. Cette grande solitude lui fit considérer que ce n'était pas sans sujet que tant d'animaux avaient fait tout ce qui était en leur pouvoir pour l'obliger de s'en éloigner plutôt que d'entrer. En avançant néanmoins, il remarqua plusieurs boutiques ouvertes, qui lui firent connaître que la ville n'était pas aussi dépeuplée qu'il se l'était imaginé. Il s'approcha d'une de ces boutiques, où il y avait plusieurs sortes de fruits exposés en vente d'une manière fort propre, et salua un vieillard qui y était assis.

Le vieillard, qui était occupé à quelque chose, leva la tête ; et comme il vit un jeune homme qui marquait quelque chose de grand, il lui demanda, d'un air qui témoignait beaucoup de surprise, d'où il venait, et quelle occasion l'avait amené. Le roi Beder le satisfit en peu de mots, et le vieillard lui demanda encore s'il n'avait rencontré personne en son chemin.

Vous êtes le premier que j'aie vu, repartit le Roi, et je ne puis comprendre qu'une ville si belle et de tant d'apparence soit déserte comme elle l'est. »
« Entrez, ne demeurez pas davantage à la porte, répliqua le vieillard ; peut-être vous en arriverait-il quelque mal. Je satisferai votre curiosité à loisir, et je vous dirai la raison pourquoi il est bon que vous preniez cette précaution. »

Le roi Beder ne se le fit pas dire deux fois : il entra et s'assit près du vieillard ; mais comme le vieillard avait compris, par le récit de sa disgrâce, que le prince avait besoin de nourriture, il lui présenta d'abord de quoi reprendre des forces ; et quoique le roi Beder l'eût prié de lui expliquer pourquoi il avait pris la précaution de le faire entrer, il ne voulut néanmoins le lui dire qu'il n'eût achevé de manger. C'est qu'il craignait que les choses fâcheuses qu'il avait à lui dire, ne l'empêchassent de manger tranquillement. En effet, quand il vit qu'il ne mangeait plus : « Vous devez bien remercier Dieu, lui dit-il, de ce que vous êtes venu jusque chez moi sans aucun accident. » « Eh, pour quel sujet? reprit le roi Beder alarmé et effrayé. » « Il faut que vous sachiez, repartit le vieillard, que cette ville s'appelle la ville des Enchantemens, et qu'elle est gouvernée, non pas par un Roi, mais par une Reine ; et cette Reine, qui est la plus belle personne de son sexe dont on ait jamais entendu parler, est aussi magicienne, mais la plus insigne et la plus dangereuse que l'on puisse connaître. Vous en serez convaincu quand vous saurez que tous ces chevaux, ces mulets et ces autres animaux que vous avez vus, sont autant d'hommes comme vous et comme moi qu'elle a ainsi métamorphosés par son art diabolique. Autant de jeunes gens bien faits comme vous qui entrent dans la ville, elle a des gens apostés qui les arrêtent, et qui, de gré ou de force, les conduisent devant elle. Elle les reçoit avec un accueil des plus obligeans ; elle les caresse, elle les régale ; elle les loge magnifiquement ; elle leur donne tant de facilités pour leur persuader qu'elle les aime, qu'elle n'a pas de peine à y réussir ; mais elle ne les laisse pas jouir long-temps de leur bonheur prétendu ; il n'y en a pas un qu'elle ne métamorphose en quelqu'animal ou en quelqu'oiseau au bout de quarante jours, selon qu'elle le juge à propos. Vous m'avez parlé de tous ces animaux qui se sont présentés pour vous empêcher d'aborder à terre et d'entrer dans la ville ; c'est que, ne pouvant vous faire comprendre d'une autre manière le danger auquel vous vous exposiez, ils faisaient ce qui était en leur pouvoir pour vous en détourner. »

Ce discours affligea très-sensiblement le jeune roi de Perse. « Hélas! s'écria-t-il, à quelle extrémité suis-je réduit par ma mauvaise destinée! Je suis à peine délivré d'un enchantement dont j'ai encore horreur, que je me vois exposé à quelqu'autre plus terrible. » Cela lui donna lieu de raconter son histoire au vieillard plus au long, de lui parler de sa naissance, de sa qualité, de sa passion pour la princesse de Samandal, et de la cruauté qu'elle avait eue de le changer en oiseau, au moment qu'il venait de la voir et de lui faire la déclaration de son amour.

Quand ce prince eut achevé par le récit du bonheur qu'il avait eu de trouver une Reine qui avait rompu cet enchantement, et par des témoignages de la peur qu'il avait de retomber dans un plus grand malheur, le vieillard, qui voulut le rassurer : « Quoique ce que je vous ai dit de la reine magicienne et de sa méchanceté, lui dit-il, soit véritable, cela ne doit pas néanmoins vous donner la grande inquiétude où je vois que vous en êtes. Je suis aimé de toute la ville; je ne suis pas même inconnu à la Reine, et je puis dire qu'elle a beaucoup de considération pour moi.

Ainsi, c'est un grand bonheur pour vous que votre bonne fortune vous ait adressé à moi plutôt qu'à un autre. Vous êtes en sûreté dans ma maison, où je vous conseille de demeurer, si vous l'agréez ainsi. Pourvu que vous ne vous en écartiez pas, je vous garantis qu'il ne vous arrivera rien qui puisse vous donner sujet de vous plaindre de ma mauvaise foi. De la sorte, il n'est pas besoin que vous vous contraigniez en quoi que ce soit. »

Le roi Beder remercia le vieillard de l'hospitalité qu'il exerçait envers lui, et de la protection qu'il lui donnait avec tant de bonne volonté. Il s'assit à l'entrée de la boutique ; et il n'y parut pas plutôt, que sa jeunesse et sa bonne mine attirèrent les yeux de tous les passans. Plusieurs s'arrêtèrent même, et firent compliment au vieillard sur ce qu'il avait acquis un esclave si bien fait, comme ils se l'imaginaient ; et ils en paraissaient d'autant plus surpris, qu'ils ne pouvaient comprendre qu'un si beau jeune homme eût échappé à la vigilance de la Reine. « Ne croyez pas que ce soit un esclave, leur disait le vieillard; vous savez que je ne suis ni assez riche, ni d'une condition assez élevée pour en avoir de cette beauté. C'est mon neveu, fils d'un frère que j'avais, qui est mort, et comme je n'ai pas d'enfans, je l'ai fait venir pour me tenir compagnie. Ils se réjouirent avec lui de la satisfaction qu'il devait avoir de son arrivée; mais en même-temps ils ne purent s'empêcher de lui témoigner la crainte qu'ils avaient que la Reine ne le lui enlevât : « Vous la connaissez, lui disaient-ils, et vous ne devez pas ignorer le danger auquel vous vous êtes exposé, après tous les exemples que vous en avez. Quelle douleur serait la vôtre, si elle lui faisait le même traitement qu'à tant d'autres que nous savons ! »

« Je vous suis bien obligé, reprenait le vieillard, de la bonne amité que vous me témoignez, et de la part que vous prenez à mes intérêts, et je vous en remercie avec toute la reconnaissance possible; mais je me garderai bien de penser même que la Reine voulût me faire le moindre déplaisir, après toutes les bontés qu'elle ne cesse d'avoir pour moi. Au cas qu'elle en apprenne quelque chose, et qu'elle m'en parle, j'espère qu'elle ne songera pas seulement à lui, dès que je lui aurai marqué qu'il est mon neveu. »

Le vieillard était ravi d'entendre les louanges qu'on donnait au jeune roi de Perse; il y prenait part comme si véritablement il eût été son propre fils, et il conçut pour lui une amitié qui augmenta à mesure que le séjour qu'il fit chez lui lui donna lieu de le mieux connaître. Il y avait environ un mois qu'ils vivaient ensemble, lorsqu'un jour, le roi Beder étant assis à l'entrée de la boutique à son ordinaire, la reine Labe, c'est ainsi que s'appelait la reine magicienne, vint à passer devant la maison du vieillard avec grande pompe. Le roi Beder n'eut pas plutôt aperçu la tête des gardes qui marchaient devant elle, qu'il se leva, rentra dans la boutique, et demanda au vieillard, son hôte, ce que cela signifiait. « C'est là Reine qui va passer; mais demeurez et ne craignez rien. »

Les gardes de la reine Labe, habillés

d'un habit uniforme, couleur pourpre, montés et équipés avantageusement, passèrent en quatre files, le sabre haut, au nombre de mille ; et il n'y eut pas un officier qui ne saluât le vieillard en passant devant sa boutique. Ils furent suivis d'un pareil nombre d'eunuques, habillés de brocart, et mieux montés, dont les officiers lui firent le même honneur. Après eux, autant de jeunes demoiselles, presque toutes également belles, richement habillées et ornées de pierreries, venaient à pied d'un pas grave, avec la demi-pique à la main; et la reine Labe paraissait au milieu d'elles sur un cheval tout brillant de diamans, avec une selle d'or et une housse d'un prix inestimable. Les jeunes demoiselles saluèrent aussi le vieillard à mesure qu'elles passaient; et la Reine, frappée de la bonne mine du roi Beder, s'arrêta devant la boutique. « Abdallah, lui dit-elle, c'est ainsi qu'il s'appelait, dites-moi, je vous prie, est-ce à vous cet esclave si bien fait et si charmant ? Y a-t-il long-temps que vous avez fait cette acquisition ? »

Avant de répondre à la Reine, Abdallah se prosterna contre terre, et en se relevant : « Madame, lui dit-il, c'est mon neveu, fils d'un frère que j'avais, qui est mort il n'y a pas long temps. Comme je n'ai pas d'enfans, je le regarde comme mon fils, et je l'ai fait venir pour ma consolation, et pour recueillir après ma mort le peu de bien que je laisserai. »

La reine Labe, qui n'avait encore vu personne de comparable au roi Beder, et qui venait de concevoir une forte passion pour lui, songea, sur ce discours, à faire en sorte que le vieillard le lui abandonnât. « Bon père, reprit-elle, ne voulez-vous pas bien me faire l'amitié de m'en faire un présent ? Ne me refusez pas, je vous en prie. Je jure, par le feu et par la lumière, que je le ferai si grand et si puissant, que jamais particulier au monde n'aura fait une si haute fortune. Quand j'aurais le dessein de faire du mal à tout le genre humain, il sera le seul à qui je me garderai bien d'en faire. J'ai confiance que vous m'accorderez ce que je vous demande ; et je fonde cette confiance plus encore sur l'amitié que je sais que vous avez pour moi, que sur l'estime que je fais et que j'ai toujours faite de votre personne. »

« Madame, reprit le bon Abdallah, je suis infiniment obligé à Votre Majesté de toutes les bontés qu'elle a pour moi, et de l'honneur qu'elle veut faire à mon neveu. Il n'est pas digne d'approcher d'une si grande Reine : je supplie Votre Majesté de trouver bon qu'il s'en dispense. »

« Abdallah, répliqua la Reine, je m'étais flattée que vous m'aimiez davantage ; et je n'eusse jamais cru que vous dussiez me donner une marque si évidente du peu d'état que vous faites de mes prières. Mais je jure encore une fois par le feu et par la lumière, et même par ce qu'il y a de plus sacré dans ma religion, que je ne passerai pas outre, que je n'aie vaincu votre opiniâtreté. Je comprends fort bien ce qui vous fait de la peine ; mais je vous promets que vous n'aurez pas le moindre sujet de vous repentir de m'avoir obligée si sensiblement. »

Le vieillard Abdallah eut une mortification inexprimable, par rapport à lui et par rapport au roi Beder, d'être forcé de céder à la volonté de la Reine. « Madame, reprit-il, je ne veux pas que Votre Majesté ait lieu d'avoir si mauvaise opinion du respect que j'ai pour elle, ni de mon zèle pour contribuer à tout ce qui lui peut faire plaisir. J'ai une confiance entière dans sa parole, et je ne doute pas qu'elle ne me la tienne. Je la supplie seulement de différer à faire un si grand honneur à mon neveu, jusqu'au premier jour qu'elle repassera. » « Ce sera donc demain, repartit la Reine. » Et en disant ces paroles, elle baissa la tête, pour lui marquer l'obligation qu'elle lui avait, et reprit le chemin de son palais.

Quand la reine Labe eut achevé de passer avec toute la pompe qui l'accompagnait : « Mon fils, dit le bon Abdallah au roi Beder, qu'il s'était accoutumé d'appeler ainsi afin de ne le pas faire connaître en parlant de lui en public, je n'ai pu, comme vous l'avez vu vous-même, refuser à la Reine ce qu'elle m'a demandé avec la vivacité dont vous avez été témoin : afin de ne lui pas donner lieu d'en venir à quelque violence d'éclat ou secrète, en employant son art magique ; et de vous faire, autant par dépit contre vous que contre moi, un traitement plus cruel et plus signalé qu'à tous ceux dont elle a pu disposer jusqu'à présent, comme je vous en ai déjà entretenu. J'ai quelque raison de croire qu'elle en usera bien, comme elle me l'a promis, par la considération toute particulière qu'elle a pour moi. Vous l'avez pu remarquer vous-même par celle de toute sa Cour, et par les honneurs qui m'ont été rendus. Elle serait bien maudite du Ciel, si elle me trompait ; mais elle ne me tromperait pas impunément, et je saurais bien m'en venger. »

Ces assurances, qui paraissaient fort incertaines, ne firent pas un grand effet sur l'esprit du roi Beder. « Après tout ce que vous m'avez raconté des méchancetés de cette Reine, reprit-il, je ne vous dissimule pas combien je redoute de m'approcher d'elle. Je mépriscrais peut-être tout ce que vous m'en avez pu dire, et je me laisserais éblouir par l'éclat de la grandeur qui l'environne, si je ne savais déjà par expérience ce que c'est que d'être à la discrétion d'une magicienne. L'état où je me suis trouvé par l'enchantement de la princesse Giauhare, et dont il semble que je n'aie été délivré que pour rentrer presqu'aussitôt dans un autre, me la fait regarder avec horreur. » Ses larmes l'empêchèrent d'en dire d'avantage, et firent connaître avec quelle répugnance il se voyait dans la nécessité fatale d'être livré à la reine Labe.

« Mon fils, repartit le vieillard Abdallah, ne vous affligez pas ; j'avoue qu'on ne peut faire un grand fondement sur les promesses et même sur les sermens d'une Reine si pernicieuse. Je veux bien que vous sachiez que tout son pouvoir ne s'étend pas jusqu'à moi. Elle ne l'ignore pas ; et c'est pour cela, préférablement à toute autre chose, qu'elle a tant d'égards pour moi. Je saurai bien l'empêcher de vous faire le moindre mal, quand elle serait assez perfide pour oser entreprendre de vous en faire. Vous pouvez vous fier à moi ; et pourvu que vous suiviez exactement les avis que je vous donnerai avant que je vous abandonne à elle, je vous suis garant qu'elle n'aura pas plus de puissance sur vous que sur moi. »

La reine magicienne ne manqua pas de passer le lendemain devant la boutique du vieillard Abdallah, avec la même pompe que le jour d'auparavant ; et le vieillard l'attendait avec un grand respect. « Bon père, lui dit-elle en s'arrêtant, vous devez juger de l'impatience où je suis d'avoir votre neveu auprès de moi, par mon exactitude à venir vous faire souvenir de vous acquitter de votre promesse. Je sais que vous êtes homme de parole, et je ne veux pas croire que vous ayez changé de sentiment. »

Abdallah, qui s'était prosterné dès qu'il avait vu que la Reine s'approchait, se releva quand elle eut cessé de parler ; et comme il ne voulait pas que personne entendît ce qu'il avait à lui dire, il s'avança avec respect jusqu'à la tête de son cheval ; et en lui parlant bas : « Puissante Reine, dit-il, je suis persuadé que Votre

Majesté ne prend pas en mauvaise part la difficulté que je fis de lui confier mon neveu dès hier : elle doit avoir compris elle-même le motif que j'en ai eu. Je veux bien le lui abandonner aujourd'hui ; mais je la supplie d'avoir pour agréable de mettre en oubli tous les secrets de cette science merveilleuse qu'elle possède au souverain degré. Je regarde mon neveu comme mon propre fils ; et Votre Majesté me mettrait au désespoir, si elle en usait avec lui d'une autre manière qu'elle a eu la bonté de me le promettre. »

« Je vous le promets encore, repartit la Reine, et je vous répète, par le même serment qu'hier, que vous et lui aurez tout sujet de vous louer de moi. Je vois bien que je ne vous suis pas encore assez connue, ajouta-t-elle : vous ne m'avez vue jusqu'à présent que le visage couvert, mais comme je trouve votre neveu digne de mon amitié, je veux vous faire voir que je ne suis pas indigne de la sienne. » En disant ces paroles, elle laissa voir au roi Beder, qui s'était approché avec Abdallah, une beauté incomparable : mais le roi Beder en fut peu touché. « En effet, ce n'est pas assez d'être belle, dit-il en lui-même, il faut que les actions soient aussi régulières que la beauté est accomplie. »

Dans le temps que le roi Beder faisait ces réflexions, les yeux attachés sur la reine Labe, le vieillard Abdallah se tourna de son côté ; en le prenant par la main, il le lui présenta : « Le voilà, Madame, lui dit-il ; je supplie Votre Majesté encore une fois de se souvenir qu'il est mon neveu, et de permettre qu'il vienne me voir quelquefois. » La Reine le lui promit ; et pour lui marquer sa reconnaissance, elle lui fit donner un sac de mille pièces d'or qu'elle avait fait apporter. Il s'excusa d'abord de le recevoir ; mais elle voulut absolument qu'il l'acceptât, et il ne put s'en dispenser. Elle avait fait amener un cheval aussi richement harnaché que le sien pour le roi de Perse. On le lui présenta ; et pendant qu'il mettait le pied à l'étrier : « J'oubliais, dit la Reine à Abdallah, de vous demander comment s'appelle votre neveu. » Comme il lui eut répondu qu'il se nommait Beder (pleine lune) « On s'est mépris, reprit-elle, on devait plutôt le nommer Schems (soleil). »

Dès que le roi Beder fut monté à cheval, il voulut prendre son rang derrière la Reine ; mais elle le fit avancer à sa gauche, et voulut qu'il marchât à côté d'elle. Elle regarda Abdallah, et après avoir fait une inclination, elle reprit sa marche.

Au lieu de remarquer sur le visage du peuple une certaine satisfaction accompagnée de respect à la vue de sa souveraine, le roi Beder s'aperçut au contraire qu'on la regardait avec mépris, et même que plusieurs faisaient mille imprécations contre elle. « La magicienne, disaient quelques uns, a trouvé un nouveau sujet d'exercer sa méchanceté. Le Ciel ne délivrera-t-il jamais le monde de sa tyrannie ? » « Pauvre étranger, s'écriaient d'autres, tu es bien trompé, si tu crois que ton bonheur durera long-temps : c'est pour rendre ta chute plus assommante qu'on t'élève si haut ! » Ces discours lui firent connaître que le vieillard Abdallah lui avait dépeint la reine Labe telle qu'elle était en effet ; mais comme il ne dépendait plus de lui de se retirer du danger où il était, il s'abandonna à la Providence, et à ce qu'il plairait au Ciel de décider de son sort.

La reine magicienne arriva à son palais ; et quand elle eut mis pied à terre, elle se fit donner la main par le roi Beder, et entra avec lui, accompagnée de ses femmes et des officiers de ses eunuques. Elle lui fit voir elle-même tous les appartemens, où il n'y avait qu'or massif, pierreries, et que meubles d'une magnificence singulière. Quand elle l'eut mené dans son cabinet, elle s'avança avec lui sur un balcon, d'où elle lui fit remarquer un jardin d'une beauté enchantée. Le roi Beder louait tout ce qu'il voyait avec beaucoup d'esprit, de manière néanmoins qu'elle ne pouvait se douter qu'il fût autre chose que le neveu du vieillard Abdallah. Ils s'entretinrent de plusieurs choses indifférentes, jusqu'à ce qu'on vînt avertir la Reine que l'on avait servi.

La reine et le roi Beder se levèrent et allèrent se mettre à table. La table était d'or massif, et les plats de la même matière. Ils mangèrent, et ils ne burent presque pas jusqu'au dessert ; mais alors la Reine se fit emplir sa coupe d'or d'excellent vin ; et après qu'elle eut bu à la santé du roi Beder, elle la fit remplir sans la quitter, et la lui présenta. Le roi Beder la reçut avec beaucoup de respect, et par une inclination de tête fort bas, il lui marqua qu'il buvait réciproquement à sa santé.

Dans le même temps, dix femmes de la reine Labe entrèrent avec des instrumens, dont elles firent un agréable concert avec leurs voix, pendant qu'ils continuèrent de boire bien avant dans la nuit. A force de boire, enfin ils s'échauffèrent si fort l'un et l'autre, qu'insensiblement le roi Beder oublia que la Reine était magicienne, et qu'il ne la regarda plus que comme la plus belle Reine qu'il y eût au monde. Dès que la Reine se fut aperçue qu'elle l'avait amené au point qu'elle souhaitait, elle fit signe aux eunuques et à ses femmes de se retirer. Ils obéirent, et le roi Beder et elle couchèrent ensemble.

Le lendemain la Reine et le roi Beder allèrent au bain dès qu'ils furent levés, et au sortir du bain, les femmes qui y avaient servi le Roi lui présentèrent du linge blanc et un habit des plus magnifiques. La Reine, qui avait pris aussi un autre habit plus magnifique que celui du jour d'auparavant, vint le prendre, et ils allèrent ensemble à son appartement. On leur servit un bon repas; après quoi ils passèrent la journée agréablement à la promenade dans le jardin, et à plusieurs sortes de divertissemens.

La reine Labe traita et régala le roi Beder de cette manière pendant quarante jours, comme elle avait coutume d'en user envers tous ses amans. La nuit du quarantième, qu'ils étaient couchés, comme elle croyait que le roi Beder dormait, elle se leva sans faire de bruit; mais le roi Beder, qui était éveillé, et qui s'aperçut qu'elle avait quelque dessein, fit semblant de dormir, et fut attentif à ses actions. Lorsqu'elle fut levée, elle ouvrit une cassette, d'où elle tira une boîte pleine d'une certaine poudre jaune. Elle prit de cette poudre, et en fit une traînée au travers de la chambre. Aussitôt cette traînée se changea en un ruisseau d'une eau très-claire, au grand étonnement du roi Beder. Il en trembla de frayeur; et il se contraignit davantage à faire semblant qu'il dormait, pour ne pas donner à connaître à la magicienne qu'il fût éveillé.

La Reine puisa de l'eau du ruisseau dans un vase, et en versa dans un bassin où il y avait de la farine, dont elle fit une pâte qu'elle pétrit fort long-temps; elle y mit enfin de certaines drogues qu'elle prit en différentes boîtes; et elle en fit un gâteau qu'elle mit dans une tourtière couverte. Comme avant toute chose elle avait allumé un grand feu, elle tira de la braise, mit la tourtière dessus, et pendant que le gâteau cuisait, elle remit les vases et les boîtes dont elle s'était servie en leur lieu; et à de certaines paroles qu'elle prononça, le ruisseau qui coulait au milieu de la chambre disparut. Quand le gâteau fut cuit, elle l'ôta de dessus la braise et le porta dans un cabinet ; après quoi elle revint coucher avec le roi Beder, qui sut si bien dissimuler, qu'elle n'eut pas le moindre soupçon qu'il eût rien vu de tout ce qu'elle venait de faire.

Le roi Beder, à qui les plaisirs et les divertissemens avaient fait oublier le bon vieillard Abdallah, son hôte, depuis qu'il l'avait quitté, se souvint de lui, et crut qu'il avait besoin de son conseil, après ce qu'il avait vu faire à la reine Labe pendant la nuit. Dès qu'il fut levé, il témoigna à la Reine le désir qu'il avait de l'aller voir, et la supplia de vouloir bien le lui permettre. « Hé quoi, mon cher Beder, reprit la Reine, vous ennuyez-vous déjà, je ne dis pas de demeurer dans un palais si superbe, et où vous devez trouver tant d'agrémens, mais de la compagnie d'une Reine qui vous aime si passionnément, et qui vous en donne tant de marques ? »

« Grande Reine, reprit le roi Beder, comment pourrais-je m'ennuyer de tant de grâces et de tant de faveurs dont Votre

Majesté a la bonté de me combler ? Bien loin de cela, Madame, je demande cette permission plutôt pour rendre compte à mon oncle des obligations infinies que j'ai à Votre Majesté, que pour lui faire connaître que je ne l'oublie pas. Je ne désavoue pas néanmoins que c'est en partie pour cette raison : comme je sais qu'il m'aime avec tendresse, et qu'il y a quarante jours qu'il ne m'a vu, je ne veux pas lui donner lieu de penser que je ne réponds pas à ses sentimens pour moi, en demeurant plus long-temps sans le voir. » « Allez, repartit la Reine, je le veux bien ; mais vous ne serez pas long-temps à revenir, si vous vous souvenez que je ne puis vivre sans vous. » Elle lui fit donner un cheval richement harnaché, et il partit.

Le vieillard Abdallah fut ravi de revoir le roi Beder : sans avoir égard à sa qualité, il l'embrassa tendrement, et le roi Beder l'embrassa de même, afin que personne ne doutât qu'il ne fût son neveu. Quand ils se furent assis : « Hé bien, demanda Abdallah au Roi, comment vous êtes-vous trouvé, et comment vous trouvez-vous encore avec cette infidèle, cette magicienne ? »

« Jusqu'à présent, reprit le roi Beder je puis dire qu'elle a eu pour moi toutes sortes d'égards imaginables, et qu'elle a eu toute la considération et tout l'empressement possible pour mieux me persuader qu'elle m'aime parfaitement. Mais j'ai remarqué une chose cette nuit, qui me donne un juste sujet de soupçonner que tout ce qu'elle a fait n'est que dissimulation. Dans le temps qu'elle croyait que je dormais profondément, quoique je fusse éveillé, je m'aperçus qu'elle s'éloigna de moi avec beaucoup de précaution, et qu'elle se leva. Cette précaution fit qu'au lieu de me rendormir, je m'attachai à l'observer, en feignant cependant que je dormais toujours. » En continuant toujours son discours, il lui raconta comment et avec quelles circonstances il lui avait vu faire le gâteau. En achevant : « Jusqu'alors, ajouta-t-il, j'avoue que je vous avais presque oublié, avec tous les avis que vous m'aviez donnés de ses méchancetés ; mais cette action me fait craindre qu'elle ne tienne ni les paroles qu'elle vous à données, ni ses sermens si solennels. J'ai songé à vous aussitôt ; et je m'estime heureux de ce qu'elle m'a permis de vous venir voir avec plus de facilité que je ne m'y étais attendu. »

« Vous ne vous êtes pas trompé, repartit le vieillard Abdallah, avec un souris qui marquait qu'il n'avait pas cru lui-même qu'elle dût en user autrement ; rien n'est capable d'obliger la perfide à se corriger. Mais ne craignez rien, je sais le moyen de faire en sorte que le mal qu'elle veut vous faire retombe sur elle. Vous êtes entré dans le soupçon fort à propos, et vous ne pouviez mieux faire que de recourir à moi. Comme elle ne garde pas ses amans plus de quarante jours, et qu'au lieu de les renvoyer honnêtement, elle en fait autant d'animaux dont elle remplit ses forêts, ses parcs et la campagne, je pris dès hier les mesures pour empêcher qu'elle ne vous fasse le même traitement. Il y a trop long-temps que la terre porte ce monstre : il faut qu'elle soit traitée elle-même comme elle le mérite. »

En achevant ces paroles, Abdallah mit deux gâteaux entre les mains du roi Beder, et lui dit de les garder pour en faire l'usage qu'il allait entendre. « Vous m'avez dit, continua-t-il, que la princesse a fait un gâteau cette nuit : c'est pour vous en faire manger, n'en doutez pas ; mais gardez-vous d'en goûter. Ne laissez pas cependant d'en prendre quand elle vous en présentera, et au lieu d'en mettre à la bouche, faites en sorte de manger, à la place, d'un des deux que je viens de vous donner, sans qu'elle s'en aperçoive. Dès qu'elle aura cru que vous aurez avalé du sien, elle ne manquera pas d'entreprendre de vous métamorphoser en quelqu'animal. Elle n'y réussira pas, et elle tournera la chose en plaisanterie, comme si elle n'eût voulu le faire que pour rire, et vous faire un peu de peur, pendant qu'elle en aura un dépit mortel dans l'ame, et qu'elle s'imaginera avoir manqué en quelque chose dans la composition de son gâteau. Pour ce qui est de l'autre gâteau, vous lui en ferez présent, et vous la presserez d'en manger. Elle en mangera, quand ce ne serait que pour vous faire voir qu'elle ne se méfie pas de vous, après le sujet qu'elle vous aura donné de vous méfier d'elle. Quand elle en aura mangé, prenez un peu d'eau dans le creux de la main, et en la lui jetant au visage, dites-lui :

« Quitte cette forme, et prends celle de tel ou tel animal qu'il vous plaira. »

« Venez avec l'animal, je vous dirai ce qu'il faudra que vous fassiez. »

Le roi Beder marqua au vieillard Abdallah, en des termes les plus expressifs, combien il lui était obligé de l'intérêt qu'il prenait à empêcher qu'une magicienne si dangereuse n'eût le pouvoir d'exercer sa méchanceté contre lui ; et après qu'il se fut encore entretenu quelque temps avec lui, il le quitta et retourna au palais. En arrivant, il apprit que la magicienne l'attendait dans le jardin avec grande impatience. Il alla la chercher, et la reine Labe ne l'eut pas plutôt aperçu, qu'elle vint à lui avec grand empressement. « Cher Beder, lui dit-elle, on a grande raison de dire que rien ne fait mieux connaître la force et l'excès de l'amour que l'éloignement de l'objet que l'on aime. Je n'ai pas eu de repos depuis que je vous ai perdu de vue, et il me semble qu'il y a des années que je ne vous ai vu. Pour peu que vous eussiez différé, je me préparais à vous aller chercher moi-même. »

« Madame, reprit le roi Beder, je puis assurer Votre Majesté que je n'ai pas eu moins d'impatience de me rendre auprès d'elle ; mais je n'ai pu refuser quelques momens d'entretien à un oncle qui m'aime, et qui ne m'avait pas vu depuis si long-temps. Il voulait me retenir ; mais je me suis arraché à sa tendresse, pour venir où l'amour m'appelait, et de la collation qu'il m'avait préparée, je me suis contenté d'un gâteau que je vous ai apporté. » Le roi Beder, qui avait enveloppé l'un des deux gâteaux dans un mouchoir fort propre, le développa, et en le lui présentant : « Le voilà, Madame, ajouta-t-il, je vous supplie de l'agréer. »

« Je l'accepte de bon cœur, repartit la Reine en le prenant, et j'en mangerai avec plaisir pour l'amour de vous et de votre oncle, mon bon ami; mais auparavant je veux que pour l'amour de moi vous mangiez de celui-ci, que j'ai fait pendant votre absence. » « Belle Reine, lui dit le roi Beder en le recevant avec respect, des mains comme celles de Votre Majesté ne peuvent rien faire que d'excellent, et elle me fait une faveur dont je ne puis assez lui témoigner ma reconnaissance. »

Le roi Beder substitua adroitement à la place du gâteau de la Reine l'autre que le vieillard Abdallah lui avait donné, et il en rompit un morceau qu'il porta à sa bouche. « Ah, Reine, s'écria-t-il en le mangeant, je n'ai jamais rien goûté de plus exquis ! » Comme ils étaient près d'un jet d'eau, la magicienne, qui vit qu'il avait avalé le morceau, et qu'il en allait manger un autre, puisa de l'eau du bassin dans le creux de sa main, et en la lui jetant au visage :

« Malheureux, lui dit-elle, quitte cette

« figure d'homme, et prends celle d'un
« vilain cheval borgne et boiteux. »

Ces paroles ne firent pas d'effet, et la magicienne fut extrêmement étonnée de voir le roi Beder dans le même état, et donner seulement une marque de grande frayeur. La rougeur lui en monta au visage; et comme elle vit qu'elle avait manqué son coup : « Cher Beder, lui dit-elle, ce n'est rien, remettez-vous : je n'ai pas voulu vous faire de mal; je l'ai fait seulement pour voir ce que vous en diriez. Vous pouvez juger que je serais la plus misérable et la plus exécrable de toutes les femmes, si je commettais une action si noire, je ne dis pas seulement après les sermens que j'ai faits, mais même après les marques d'amour que je vous ai données. »

« Puissante Reine, repartit le roi Beder, quelque persuadé que je sois que Votre Majesté ne l'a fait que pour se divertir, je n'ai pu néanmoins me garantir de la surprise. Quel moyen aussi de s'empêcher de n'avoir pas au moins quelque émotion à des paroles capables de faire un changement si étrange ! Mais, Madame, laissons là ce discours, et puisque j'ai mangé de votre gâteau, faites-moi la grâce de goûter du mien. »

La reine Labe, qui ne pouvait mieux se justifier qu'en donnant cette marque de confiance au roi de Perse, rompit un morceau de gâteau et le mangea. Dès qu'elle l'eut avalé, elle parut toute troublée, et elle demeura comme immobile. Le roi Beder ne perdit pas de temps ; il prit de l'eau du même bassin, et en la lui jetant au visage :

« Abominable magicienne, s'écria-t-il, « sors de cette figure, et change-toi en « cavale. »

Au même moment, la reine Labe fut changée en une très-belle cavale; et sa confusion fut si grande de se voir ainsi métamorphosée, qu'elle répandit des larmes en abondance. Elle baissa la tête jusqu'aux pieds du roi Beder, comme pour le toucher de compassion. Mais quand il eût voulu se laisser fléchir, il n'était pas en son pouvoir de réparer le mal qu'il lui avait fait. Il mena la cavale à l'écurie du palais, où il la mit entre les mains d'un palefrenier pour la brider; mais de toutes les brides que le palefrenier présenta à la cavale, pas une ne se trouva propre. Il fit seller et brider deux chevaux, un pour lui, et un pour le palefrenier, et il se fit suivre par le palefrenier jusque chez le vieillard Abdallah avec la cavale à la main.

Abdallah, qui aperçut de loin le roi Beder et la cavale, ne douta pas que le roi Beder n'eût fait ce qu'il lui avait recommandé. « Maudite magicienne, dit-il aussitôt en lui-même avec joie, le Ciel enfin t'a châtiée comme tu le méritais! » Le roi Beder mit pied à terre en arrivant, et entra dans la boutique d'Abdallah, qu'il embrassa, en le remerciant de tous les services qu'il lui avait rendus. Il lui raconta de quelle manière le tout s'était passé, et lui marqua qu'il n'avait pas trouvé de bride propre pour la cavale. Abdallah, qui en avait une à tout cheval, en brida la cavale lui-même; et dès que le roi Beder eut renvoyé le palefrenier avec les deux chevaux : « Sire, lui dit-il, vous n'avez pas besoin de vous arrêter davantage en cette ville, montez la cavale, et retournez en votre royaume. La seule chose que j'aie à vous recommander, c'est qu'au cas que vous veniez à vous défaire de la cavale, de vous bien garder de la livrer avec la bride. » Le roi Beder lui promit qu'il s'en souviendrait ; et après qu'il lui eut dit adieu, il partit.

Le jeune roi de Perse ne fut pas plutôt hors de la ville, qu'il ne se sentit pas de la joie d'être délivré d'un si grand danger, et d'avoir à sa disposition la magicienne, qu'il avait eu un si grand sujet de redouter. Trois jours après son départ il arriva à une grande ville. Comme il était dans le faubourg, il fut rencontré par un vieillard de quelque considération qui allait à pied à une maison de plaisance qu'il avait. « Seigneur, lui dit le vieillard en s'arrêtant, oserais-je vous demander de quel côté vous venez ? » Il s'arrêta aussitôt pour le satisfaire ; et comme le vieillard lui faisait plusieurs questions, une vieille survint qui s'arrêta pareillement, et se mit à pleurer en regardant la cavale, avec de grands soupirs.

Le roi Beder et le vieillard interrompirent leur entretien, pour regarder la vieille, et le roi Beder lui demanda quel sujet elle avait à pleurer. « Seigneur, reprit-elle, c'est que votre cavale ressemble si parfaitement à une que mon fils avait, et que je regrette encore pour l'amour de lui, que je croirais que c'est la même, si elle n'était pas morte. Vendez-la-moi, je vous en supplie, je vous la payerai ce qu'elle vaut, et avec cela je vous en aurai une très-grande obligation. »

Bonne mère, repartit le roi Beder, je suis fâché de ne pouvoir vous accorder ce que vous me demandez; ma cavale n'est pas à vendre. » « Ah! Seigneur, insista la vieille, ne me refusez pas, je vous en conjure au nom de Dieu; nous mourrions de déplaisir, mon fils et moi, si vous ne nous accordiez pas cette grâce. » « Bonne mère, répliqua le roi Beder, je vous l'accorderais très-volontiers, si je m'étais déterminé à me défaire d'une si bonne cavale; mais quand cela serait, je ne crois pas que vous en voulussiez donner mille pièces d'or;

car en ce cas-là je ne l'estimerais pas moins. » « Pourquoi ne les donnerais-je pas ? repartit la vieille ; vous n'avez qu'à donner votre consentement à la vente, je vais vous les compter. »

Le roi Beder, qui voyait que la vieille était habillée assez pauvrement, ne put s'imaginer qu'elle fût en état de trouver une si grosse somme. Pour éprouver si elle tiendrait le marché : « Donnez-moi l'argent, lui dit-il, la cavale est à vous. » Aussitôt la vieille détacha une bourse qu'elle avait autour de sa ceinture, et en la lui présentant : « Prenez la peine de descendre, lui dit-elle, que nous comptions si la somme y est ; au cas qu'elle n'y soit pas, j'aurais bientôt trouvé le reste; ma maison n'est pas loin. »

L'étonnement du roi Beder fut extrême quand il vit la bourse : « Bonne mère, reprit-il, ne voyez-vous pas que ce que je vous en ai dit n'était que pour rire ; je vous répète que ma cavale n'est pas à vendre.

Le vieillard, qui avait été témoin de tout cet entretien, prit alors la parole :

« Mon fils, dit-il au roi Beder, il faut que vous sachiez une chose que je vois bien que vous ignorez ; c'est qu'il n'est pas permis en cette ville de mentir en aucune manière, sous peine de mort. Ainsi vous ne pouvez vous dispenser de prendre l'argent de cette bonne femme, et de lui livrer votre cavale, puisqu'elle vous en donne la somme que vous avez demandée. Vous ferez mieux de faire la chose sans bruit, que de vous exposer au malheur qui pourrait vous en arriver. »

Le roi Beder, bien affligé de s'être engagé dans cette méchante affaire avec tant d'inconsidération, mit pied à terre avec un grand regret. La vieille fut prompte à se saisir de la bride et à débrider la cavale, et encore plus à prendre dans la main de l'eau d'un ruisseau qui coulait au milieu de la rue, et de la jeter sur la cavale, en prononçant ces paroles :

« Ma fille, quittez cette forme étrangère, et reprenez la vôtre. »

Le changement se fit en un moment; et le roi Beder, qui s'évanouit dès qu'il vit paraître la reine Labe devant lui, fut tombé par terre, si le vieillard ne l'eût retenu.

La vieille, qui était mère de la reine Labe, et qui l'avait instruite de tous les secrets de la magie, n'eut pas plutôt embrassé sa fille pour lui témoigner sa joie, qu'en un instant elle fit paraître, par un sifflement, un Génie hideux, d'une figure et d'une grandeur gigantesques. Le Génie prit aussitôt le roi Beder sur une épaule, embrassa la vieille et la reine magicienne de l'autre, et les transporta en peu de momens au palais de la reine Labe, dans la ville des Enchantemens.

La reine magicienne, en furie, fit de grands reproches au roi Beder, dès qu'elle fut de retour dans son palais : « Ingrat, lui dit-elle, c'est donc ainsi que ton indigne oncle et toi vous m'avez donné des marques de reconnaissance, après tout ce que j'ai fait pour vous! Je vous ferai sentir à l'un et à l'autre ce que vous méritez. » Elle ne lui en dit pas davantage; mais elle prit de l'eau, et en la lui jetant au visage :

« Sors de cette figure, dit-elle, et
« prends celle d'un vilain hibou. »

Ces paroles furent suivies de l'effet; et aussitôt elle commanda à une de ses femmes d'enfermer le hibou dans une cage, et de ne lui donner ni à boire ni à manger.

La femme emporta la cage; et sans avoir égard à l'ordre de la reine Labe, elle y mit de la mangeaille et de l'eau; et cependant, comme elle était amie du vieillard Abdallah, elle envoya l'avertir secrètement de quelle manière la Reine venait de traiter son neveu, et de son dessein de les faire périr l'un et l'autre, afin qu'il donnât ordre à l'en empêcher, et qu'il songeât à sa propre conservation.

Abdallah vit bien qu'il n'y avait pas de ménagement à prendre avec la reine Labe. Il ne fit que siffler d'une certaine manière, et aussitôt un grand Génie à quatre ailes se fit voir devant lui, et lui demanda pour quel sujet il l'avait appelé.

« L'Éclair, lui dit-il (c'est ainsi que
« s'appelait ce Génie), il s'agit de con-
« server la vie du roi Beder, fils de la
« reine Gulnare. Va au palais de la ma-

« gicienne, et transporte incessamment
« à la capitale de Perse la femme pleine
« de compassion à qui elle a donné la
« cage en garde, afin qu'elle informe la
« reine Gulnare du danger où est le Roi
« son fils, et du besoin qu'il a de son se-
« cours; prends garde de ne la pas épou-
« vanter en te présentant devant elle, et
« dis-lui bien de ma part ce qu'elle doit
« faire. »

L'Éclair disparut, et passa en un instant au palais de la magicienne. Il instruisit la femme; il l'enleva dans l'air, et la transporta à la capitale de Perse, où il la posa sur le toit en terrasse qui répondait à l'appartement de la reine Gulnare. La femme descendit par l'escalier qui y conduisait, et elle trouva la reine Gulnare et la reine Farasche sa mère, qui s'entretenaient du triste sujet de leur affliction commune. Elle leur fit une profonde révérence, et par le récit qu'elle leur fit, elles connurent le besoin que le roi Beder avait d'être secouru promptement.

A cette nouvelle, la reine Gulnare fut

dans un transport de joie qu'elle marqua en se levant de sa place et en embrassant l'obligeante femme, pour lui témoigner combien elle lui était obligée du service qu'elle venait de lui rendre. Elle sortit aussitôt, et commanda qu'on fît jouer les trompettes, les timbales et les tambours du palais, pour annoncer à toute la ville que le roi de Perse arriverait bientôt. Elle revint, et elle trouva le roi Saleh, son frère, que la reine Farasche avait déjà fait venir par une certaine fumigation. « Mon frère, lui dit-elle, le Roi votre neveu, mon cher fils, est dans la ville des Enchantemens, sous la puissance de la reine Labe. C'est à vous, c'est à moi d'aller le délivrer ; il n'y a pas de temps à perdre. »

Le roi Saleh assembla une puissante armée des troupes de ses Etats marins qui s'éleva bientôt de la mer. Il appela même à son secours les Génies ses alliés, qui parurent avec une autre armée plus nombreuse que la sienne. Quand les deux armées furent jointes, il se mit à la tête avec la reine Farasche, la reine Gulnare et les princesses, qui voulurent avoir part à l'action. Ils s'élevèrent dans l'air, et ils fondirent bientôt sur le palais et sur la ville des Enchantemens, où la reine magicienne, sa mère, et tous les adorateurs du feu furent détruits en un clin d'œil.

La reine Gulnare s'était fait suivre par la femme de la reine Labe, qui était venue lui annoncer la nouvelle de l'enchantement et de l'emprisonnement du Roi son fils, et elle lui avait recommandé de n'avoir pas d'autre soin, dans la mêlée, que d'aller prendre la cage et de la lui apporter. Cet ordre fut exécuté comme elle l'avait souhaité. Elle tira le hibou dehors, et en jetant sur lui de l'eau qu'elle se fit apporter :

« Mon cher fils, lui dit-elle, quittez
« cette figure étrangère, et prenez celle
« d'homme, qui est la vôtre. »

Dans le moment, la reine Gulnare ne vit plus le vilain hibou ; elle vit le roi Beder son fils : elle l'embrassa aussitôt avec un excès de joie. Ce qu'elle n'était pas en état de dire par ses paroles, dans le transport où elle était, ses larmes y suppléèrent d'une manière qui l'exprimait avec beaucoup de force. Elle ne pouvait se résoudre à le quitter, et il fallut que la reine Farasche le lui arrachât à son tour. Après elle, il fut embrassé de même par le Roi son oncle et par les princesses ses parentes.

Le premier soin de la reine Gulnare fut de faire chercher le vieillard Abdallah, à qui elle était obligée du recouvrement du roi de Perse. Dès qu'on le lui eut amené: « L'obligation que je vous ai, lui dit-elle, est si grande, qu'il n'y a rien que je ne sois prête à faire pour vous en marquer ma reconnaissance: faites connaître vous-même en quoi je le puis, vous serez satisfait. » « Grande Reine, reprit-il, si la dame que je vous ai envoyée veut bien consentir à la foi de mariage que je lui offre, et que le roi de Perse veuille bien me souffrir à sa Cour, je consacre de bon cœur le reste de mes jours à son service. » La reine Gulnare se tourna aussitôt du côté de la dame qui était présente; et comme la dame fit connaître, avec une honnête pudeur, qu'elle n'avait pas de répugnance pour ce mariage, elle leur fit prendre la main l'un et l'autre, et le roi de Perse et elle prirent le soin de leur fortune.

Ce mariage donna lieu au roi de Perse de prendre la parole, en l'adressant à la Reine sa mère : « Madame, dit-il en souriant, je suis ravi du mariage que vous venez de faire; il en reste un auquel vous devriez bien songer. » La reine Gulnare ne comprit pas d'abord de quel mariage il entendait parler; elle y pensa un moment, et dès qu'elle l'eut compris : « C'est du vôtre dont vous voulez parler, reprit-elle; j'y consens très-volontiers. » Elle regarda aussitôt les sujets marins du Roi son frère, et les Génies qui étaient présens : « Partez, dit-elle, et parcourez tous les palais de la mer et de la terre, et venez nous donner avis de la princesse la plus belle et la plus digne du Roi mon fils, que vous aurez remarquée. »

« Madame, repartit le roi Beder, il est inutile de prendre toute cette peine. Vous n'ignorez pas sans doute que j'ai donné mon cœur à la princesse de Samandal, sur le simple récit de sa beauté : je l'ai vue, et je me suis pas repenti du présent que je lui ai fait. En effet, il ne peut pas y avoir ni sur la terre, ni sous les ondes, une princesse qu'on puisse lui comparer. Il est vrai que, sur la déclaration que je lui ai faite, elle m'a traité d'une manière qui eût pu éteindre la flamme de tout autre amant moins embrasé que moi de son amour; mais elle est excusable, et elle ne pouvait me traiter moins rigoureusement, après l'emprisonnement du Roi son père, dont je ne laissais pas d'être la cause, quoique innocente. Peut-être que le roi de Samandal aura changé de sentiment, et qu'elle n'aura plus de répugnance à m'aimer et à me donner sa foi dès qu'il y aura consenti. »

« Mon fils, répliqua la reine Gulnare, s'il n'y a que la princesse Giauhare au monde capable de vous rendre heureux, ce n'est pas mon intention de m'opposer à votre union, s'il est possible qu'elle se fasse. Le Roi votre oncle n'a qu'à faire venir le roi de Samandal, et nous aurons bientôt appris s'il est toujours aussi peu traitable qu'il l'a été. »

Quelque étroitement que le roi de Samandal eût été gardé jusqu'alors depuis sa captivité, par les ordres du roi Saleh, il avait toujours été traité néanmoins avec beaucoup d'égards, et il s'était apprivoisé avec les officiers qui le gardaient. Le roi Saleh se fit apporter un réchaud avec du feu, et il y jeta une certaine composition en prononçant des paroles mystérieuses. Dès que la fumée commença à s'élever, le palais s'ébranla, et l'on vit bientôt paraître le roi de Samandal avec les officiers du roi Saleh qui l'accompagnaient. Le roi de Perse se jeta aussitôt à ses pieds, et en demeurant le genou en terre : « Sire, dit-il, ce n'est plus le roi Saleh qui demande à Votre Majesté l'honneur de son alliance pour le roi de Perse ; c'est le roi de Perse lui-même qui la supplie de lui faire cette grâce. Je ne puis me persuader qu'elle veuille être la cause de la mort d'un Roi qui ne peut plus vivre, s'il ne vit avec l'aimable princesse Giauhare. »

Le roi de Samandal ne souffrit pas plus long-temps que le roi de Perse demeurât à ses pieds. Il l'embrassa, et en l'obligeant de se relever : « Sire, repartit-il, je serais bien fâché d'avoir contribué en rien à la mort d'un monarque si digne de vivre. S'il est vrai qu'une vie si précieuse ne puisse se conserver sans la possession de ma fille, vivez, Sire, elle est à vous. Elle a toujours été très-soumise à ma volonté ; je ne crois pas qu'elle s'y oppose. » En achevant ces paroles, il chargea un de ses officiers, que le roi Saleh avait bien voulu qu'il eût auprès de lui, d'aller chercher la princesse Giauhare, et de l'amener incessamment.

La princesse Giauhare était toujours restée où le roi de Perse l'avait rencontrée. L'officier l'y trouva, et on le vit bientôt de retour avec elle et avec ses femmes. Le roi de Samandal embrassa la princesse. « Ma fille, lui dit-il, je vous ai donné un époux : c'est le roi de Perse que voilà, le monarque le plus accompli qu'il y ait aujourd'hui dans tout l'univers. La préférence qu'il vous a donnée par-dessus toutes les autres princesses, nous oblige, vous et moi, de lui en marquer notre reconnaissance. »

« Sire, reprit la princesse Giauhare, Votre Majesté sait bien que je n'ai jamais manqué à la déférence que je devais à tout ce qu'elle a exigé de mon obéissance. Je suis encore prête à obéir; et j'espère que le roi de Perse voudra bien oublier le mauvais traitement que je lui ai fait; je le crois assez équitable pour ne l'imputer qu'à la nécessité de mon devoir. »

Les noces furent célébrées dans le palais de la ville des Enchantemens, avec une solennité d'autant plus grande, que tous les amans de la Reine magicienne, qui avaient repris leur première forme au moment qu'elle avait cessé de vivre, et qui en étaient venus faire leurs remercîmens au roi de Perse, à la reine Gulnare et au roi Saleh, y assistèrent. Ils étaient tous fils de Rois ou princes, ou d'une qualité très-distinguée.

Le roi Saleh enfin conduisit le roi de Samandal dans son royaume, et le remit en possession de ses Etats. Le roi de Perse, au comble de ses désirs, partit et retourna à la capitale de Perse avec la reine Gulnare, la reine Farasche et les princesses;

et la reine Farasche et les princesses y demeurèrent jusqu'à ce que le roi Saleh vînt les prendre et les ramenât en son royaume sous les flots de la mer.

HISTOIRE

DE GANEM, FILS D'ABOU AIBOU, L'ESCLAVE D'AMOUR.

Sire, dit Scheherazade au sultan des Indes, il y avait autrefois à Damas un marchand, qui, par son industrie et par son travail, avait amassé de grands biens, dont il vivait fort honorablement. Abou Aibou, c'était son nom, avait un fils et une fille. Le fils fut d'abord appelé Ganem, et depuis surnommé l'Esclave d'Amour. Il était très-bien fait; et son esprit, qui était naturellement excellent, avait été cultivé par de bons maîtres que son père avait pris soin de lui donner. Et la fille fut nommée Force de Cœurs, parce qu'elle était pourvue d'une beauté si parfaite, que tous ceux qui la voyaient ne pouvaient s'empêcher de l'aimer.

Abou Aibou mourut. Il laissa des richesses immenses. Cent charges de brocarts et d'autres étoffes de soie qui se trouvèrent dans son magasin, n'en faisaient que la moindre partie. Les charges étaient toutes faites, et sur chaque balle on lisait en gros caractères : POUR BAGDAD.

En ce temps-là Mohammed, fils de Soliman, surnommé Zinebi, régnait dans la ville de Damas, capitale de Syrie. Son parent Haroun Alraschid, qui faisait sa résidence à Bagdad, lui avait donné ce royaume à titre de tributaire.

Peu de temps après la mort d'Abou Aibou, Ganem s'entretenait avec sa mère des affaires de leur maison ; et, à propos des charges de marchandises qui étaient dans le magasin, il demanda ce que voulait dire l'écriture qu'on lisait sur chaque balle. « Mon fils, lui répondit sa mère, votre père voyageait tantôt dans une province et tantôt dans une autre ; et il avait coutume, avant son départ, d'écrire sur chaque balle le nom de la ville où il se proposait d'aller. Il avait mis toutes choses en état pour faire le voyage de Bagdad, et il était prêt à partir quand la mort..... » Elle n'eut pas la force d'achever ; un souvenir trop vif de la perte de son mari ne lui permit pas d'en dire davantage, et lui fit verser un torrent de larmes.

Ganem ne put voir sa mère attendrie, sans être attendri lui-même. Ils demeurèrent quelques momens sans parler ; mais il se remit enfin ; et lorsqu'il vit sa mère en état de l'écouter, il prit la parole : « Puisque mon père, dit-il, a destiné ces marchandises pour Bagdad, et qu'il n'est plus en état d'exécuter son dessein, je vais me disposer à faire ce voyage. Je crois même qu'il est à propos que je presse mon départ, de peur que ces marchandises ne dépérissent, ou que nous ne perdions l'occasion de les vendre avantageusement. »

La veuve d'Abou Aibou, qui aimait tendrement son fils, fut fort alarmée de cette résolution. « Mon fils, lui répondit-elle, je ne puis que vous louer de vouloir imiter votre père ; mais songez que vous êtes trop jeune, sans expérience ; et nullement accoutumé aux fatigues des voyages. D'ailleurs, voulez-vous m'abandonner, et ajouter une nouvelle douleur à celle dont je suis accablée ? Ne vaut-il pas mieux vendre ces marchandises aux marchands de Damas, et nous contenter d'un profit raisonnable, que de vous exposer à périr ? »

Elle avait beau combattre le dessein de Ganem par de bonnes raisons, il ne les pouvait goûter. L'envie de voyager et de perfectionner son esprit par une entière connaissance des choses du monde, le sollicitait à partir, et l'emporta sur les remontrances, les prières, et sur les pleurs mêmes de sa mère. Il alla au marché des esclaves. Il en acheta de robustes, loua cent chameaux ; et s'étant enfin pourvu de toutes les choses nécessaires, il se mit en chemin avec cinq ou six marchands de Damas qui allaient négocier à Bagdad.

Ces marchands, suivis de tous leurs esclaves, et accompagnés de plusieurs autres voyageurs, composaient une caravane si considérable, qu'ils n'eurent rien à craindre de la part des Bédouins, c'est-à-dire des Arabes, qui n'ont d'autre profession que de battre la campagne, d'attaquer et piller les caravanes, quand elles ne sont pas assez fortes pour repousser leurs insultes. Ils n'eurent donc à essuyer que les fatigues ordinaires d'une longue route; ce qu'ils oublièrent facilement à la vue de Bagdad, où ils arrivèrent heureusement.

Ils allèrent mettre pied à terre dans le khan le plus magnifique et le plus fréquenté de la ville; mais Ganem, qui voulait être logé commodément et en particulier, n'y prit pas d'appartement; il se contenta d'y laisser ses marchandises dans un magasin, afin qu'elles y fussent en sûreté. Il loua dans le voisinage une très-belle maison, richement meublée, où il y avait un jardin fort agréable, par la quantité de jets d'eau et de bosquets qu'on y voyait.

Quelques jours après que ce jeune marchand se fut établi dans cette maison, et qu'il se fut entièrement remis de la fatigue du voyage, il s'habilla fort proprement, et se rendit au lieu public où s'assemblaient les marchands pour vendre ou acheter des marchandises. Il était suivi d'un esclave qui portait un paquet de plusieurs pièces d'étoffes et de toiles fines.

Les marchands reçurent Ganem avec beaucoup d'honnêteté ; et leur chef ou syndic, à qui d'abord il s'adressa, prit et acheta tout le paquet au prix marqué par l'étiquette qui était attachée à chaque pièce d'étoffe. Ganem continua ce négoce avec tant de bonheur, qu'il vendait toutes les marchandises qu'il faisait porter chaque jour.

Il ne lui restait plus qu'une balle, qu'il avait fait tirer du magasin et apporter chez lui, lorsqu'un jour il alla au lieu public. Il en trouva toutes les boutiques fermées. La chose lui parut extraordinaire ; il en demanda la cause, et on lui dit qu'un des premiers marchands, qui ne lui était pas inconnu, était mort, et que tous ses confrères, suivant la coutume, étaient allés à son enterrement.

Ganem s'informa de la mosquée où se devait faire la prière, ou d'où le corps devait être porté au lieu de la sépulture ; et quand on le lui eut enseigné, il renvoya son esclave avec son paquet de marchandises, et prit le chemin de la mosquée. Il y arriva que la prière n'était pas encore achevée, et on la faisait dans une salle toute tendue de satin noir. On enleva le corps, que la parenté, accompagnée des marchands et de Ganem, suivit jusqu'au lieu de sa sépulture, qui était hors de la ville et fort éloigné. C'était un édifice de pierre en forme de dôme, destiné à recevoir les corps de toute la famille du défunt ; et comme il était fort petit, on avait dressé des tentes alentour, afin que tout le monde fût à couvert pendant la cérémonie. On ouvrit le tombeau, et l'on posa le corps, puis on le referma. Ensuite l'iman et les autres ministres de la mosquée s'assirent en rond sur des tapis sous la principale tente, et récitèrent le reste des prières. Ils firent aussi la lecture des chapitres de l'Alcoran prescrit pour l'enterrement des morts. Les parens et les marchands, à l'exemple de ces ministres, s'assirent en rond derrière eux.

Il était presque nuit lorsque tout fut achevé. Ganem, qui ne s'était pas attendu à une si longue cérémonie, commençait à s'inquiéter ; et son inquiétude augmenta, quand il vit qu'on servait un repas en mémoire du défunt, selon l'usage de Bagdad. On lui dit même que les tentes n'avaient pas été tendues seulement contre les ardeurs du soleil, mais aussi contre le serein, parce que l'on ne s'en retournerait à la ville que le lendemain. Ce discours alarma Ganem. « Je suis étranger, dit-il en lui-même ; et je passe pour un riche marchand ; des voleurs peuvent profiter de mon absence, et aller piller ma maison. Les esclaves mêmes peuvent être tentés d'une si belle occasion ; ils n'ont qu'à prendre la fuite avec tout l'or que j'ai reçu de mes marchandises, où les irais-je chercher ? » Vivement occupé de ces pensées, il mangea quelques morceaux à la hâte, et se déroba finement à la compagnie.

Il précipita ses pas pour faire plus de diligence ; mais comme il arrive assez souvent que plus on est pressé, moins on avance, il prit un chemin pour un autre, et s'égara dans l'obscurité, de manière qu'il était près de minuit quand il arriva à la porte de la ville. Pour surcroît de malheur, il la trouva fermée. Ce contre-temps lui causa une peine nouvelle, et il fut obligé de prendre le parti de chercher un endroit pour passer le reste de la nuit, et attendre qu'on ouvrît la porte. Il entra dans un cimetière si vaste, qu'il s'étendait depuis la ville jusqu'au lieu d'où il venait ; il s'avança jusqu'à des murailles assez hautes, qui entourraient un petit champ qui faisait le cimetière particulier d'une famille, et où était un palmier. Il y avait encore une infinité d'autres cimetières particuliers dont on n'était pas exact à fermer les portes. Ainsi Ganem, trouvant ouvert celui où il y avait un palmier, y entra et ferma la porte après lui ; il se coucha sur l'herbe, et fit tout ce qu'il put pour s'endormir ; mais l'inquiétude où il était de se voir hors de chez lui, l'en empêcha.

Il se leva ; et après avoir, en se promenant, passé et repassé plusieurs fois devant la porte, il l'ouvrit sans savoir pourquoi; aussitôt il aperçut de loin une lumière qui semblait venir à lui. A cette vûe, la frayeur le saisit ; il poussa la porte, qui ne se fermait qu'avec un loquet, et monta promptement au haut du palmier, qui, dans la crainte dont il était agité, lui parut le plus sûr asile qu'il pût rencontrer.

Il n'y fut pas plutôt, qu'à la faveur de la lumière qui l'avait effrayé, il distingua et vit entrer, dans le cimetière où il était, trois hommes qu'il reconnut pour des esclaves à leur habillement. L'un marchait devant l'autre avec une lanterne, et les deux autres le suivaient chargés d'un coffre long de cinq à six pieds, qu'ils portaient sur leurs épaules ; ils le mirent à terre, et alors un des trois esclaves dit à ses camarades : « Frères, si vous m'en croyez, nous laisserons là ce coffre, et nous reprendrons le chemin de la ville. » « Non, non, répondit un autre, ce n'est pas ainsi qu'il faut exécuter les ordres que notre maîtresse nous donne. Nous pourrions nous repentir de les avoir négligés : enterrons ce coffre, puisqu'on nous l'a commandé. » Les deux autres esclaves se rendirent à ce sentiment ; ils commencèrent à remuer la terre avec des instrumens qu'ils avaient apportés pour cela ; et quand ils eurent fait une profonde fosse, ils mirent le coffre dedans, et le couvrirent de la terre qu'ils avaient ôtée. Ils sortirent du cimetière après cela, et s'en retournèrent chez eux.

Ganem, qui du haut du palmier avait entendu les paroles que les esclaves avaient prononcées, ne savait que penser de cette aventure. Il jugea qu'il fallait que ce coffre renfermât quelque chose de précieux, et que la personne à qui il appartenait avait ses raisons pour le faire cacher dans ce cimetière. Il résolut de s'en éclaircir sur-le-champ. Il descendit du palmier. Le départ des esclaves lui avait ôté sa frayeur. Il se mit à travailler à la fosse, et il y employa si bien les pieds et les mains, qu'en peu de temps il vit le coffre à découvert ; mais il le trouva fermé d'un gros cadenas. Il fut très-mortifié de ce nouvel obstacle qui l'empêchait de satisfaire sa curiosité. Cependant il ne perdit point courage ; et le jour venant à paraître sur ces entrefaites, lui fit découvrir dans le cimetière plusieurs gros cailloux. Il en choisit un avec quoi il n'eut pas beaucoup de peine à forcer le cadenas. Alors, plein d'impatience, il ouvrit le coffre. Au lieu d'y trouver de l'argent, comme il se l'était imaginé, Ganem fut dans une surprise que l'on ne peut exprimer d'y voir une jeune dame d'une beauté sans pareille. A son teint frais et vermeil, et plus encore à une respiration douce et réglée, il reconnut qu'elle était pleine de vie ; mais il ne pouvait comprendre pourquoi, si elle n'était qu'endormie, elle ne s'était pas réveillée au bruit qu'il avait fait en forçant le cadenas. Elle avait un habillement si magnifique, des bracelets et des pendans d'oreilles de diamans, avec un collier de perles fines si grosses, qu'il ne douta pas un moment que ce ne fût une dame des premières de la Cour. A la vue d'un si bel objet, non-seulement la pitié et l'inclination naturelle à secourir les personnes qui sont en danger, mais même quelque chose de plus fort, que Ganem alors ne pouvait pas bien démêler, le portèrent à donner à cette jeune beauté tout le secours qui dépendait de lui.

Avant toutes choses, il alla fermer la porte du cimetière, que les esclaves avaient laissée ouverte ; il revint ensuite prendre la dame entre ses bras. Il la tira hors du coffre, et la coucha sur la terre qu'il avait ôtée. La dame fut à peine dans cette situation et exposée au grand air, qu'elle éternua, et qu'avec un petit effort qu'elle fit en tournant la tête, elle rendit par la bouche une liqueur dont il parut qu'elle avait l'estomac chargé ; puis entr'ouvrant et se frottant les yeux, elle s'écria d'une voix dont Ganem, qu'elle ne voyait pas, fut enchanté : « Fleur de jardin, Branche de corail, Canne de sucre, Lumière du jour, Etoile du matin, Délices du temps, parlez donc, où êtes-vous ? » C'étaient autant de noms de femmes esclaves qui avaient coutume de la servir. Elle les appelait, et elle était fort étonnée de ce que personne ne répondait. Elle ouvrit enfin les yeux; et se voyant dans un cimetière, elle fut saisie de crainte. « Quoi donc! s'écria-t-elle plus fort qu'auparavant, les morts ressuscitent-ils? Sommes-nous au jour du jugement? Quel étrange changement du soir au matin! »

Ganem ne voulut pas laisser la dame plus long-temps dans cette inquiétude. Il se présenta devant elle aussitôt avec tout le respect possible et de la manière la plus honnête du monde. « Madame, lui dit-il, je ne puis vous exprimer que faiblement la joie que j'ai de m'être trouvé ici pour vous rendre le service que je vous ai rendu, et de pouvoir vous offrir tous les secours dont vous avez besoin dans l'état où vous êtes. »

Pour engager la dame à prendre toute confiance en lui, il lui dit premièrement qui il était, et par quel hasard il se trouvait dans ce cimetière. Il lui raconta ensuite l'arrivée des trois esclaves, et de quelle manière ils avaient enterré le coffre. La dame, qui s'était couvert le visage de son voile dès que Ganem s'était présenté, fut vivement touchée de l'obligation qu'elle lui avait. « Je rends grâces à Dieu, lui dit-elle, de m'avoir envoyé un honnête homme comme vous pour me délivrer de la mort. Mais, puisque vous avez commencé une œuvre si charitable, je vous conjure de ne la pas laisser imparfaite. Allez de grâce dans la ville chercher un muletier, qui vienne avec un mulet me prendre et me transporter chez vou dans ce même coffre ; car si j'allais avec vous à pied, mon habillement étant différent de celui des dames de la ville, quelqu'un y pourrait faire attention, et me suivre ; ce qu'il m'est de la dernière importance de prévenir. Quand je serai dans votre maison, vous apprendrez qui je suis, par le récit que je vous ferai de mon histoire ; et cependant soyez persuadé que vous n'avez pas obligé une ingrate. »

Avant que de quitter la dame, le jeune marchand tira le coffre hors de la fosse ; il la combla de terre, remit la dame dans le coffre, et l'y renferma de telle sorte, qu'il ne paraissait pas que le cadenas eût été forcé. Mais de peur qu'elle n'étouffât, il ne referma pas exactement le coffre, et y laissa entrer l'air. En sortant du cimetière, il tira la porte après lui ; et comme celle de la ville était ouverte, il eut bientôt trouvé ce qu'il cherchait. Il revint au cimetière, où il aida le muletier à charger le coffre en travers sur le mulet ; et pour lui ôter tout soupçon, il lui dit qu'il était arrivé la nuit avec un autre muletier, qui, pressé de s'en retourner, avait déchargé le coffre dans le cimetière.

Ganem, qui depuis son arrivée à Bagdad ne s'était occupé que de son négoce, n'avait pas encore éprouvé la puissance de l'amour. Il en sentit alors les premiers traits. Il n'avait pu voir la jeune dame sans en être ébloui ; et l'inquiétude dont il se sentit agité en suivant de loin le muletier, et la crainte qu'il n'arrivât en chemin quelque accident qui lui fît perdre sa conquête, lui apprirent à démêler ses sentimens. Sa joie fut extrême, lorsqu'étant arrivé heureusement chez lui, il vit décharger le coffre. Il renvoya le muletier ; et ayant fait fermer par un de ses esclaves la porte de sa maison, il ouvrit le coffre ; aida la dame à en sortir, lui présenta la main, et la conduisit à son appartement, en la plaignant de ce qu'elle devait avoir souffert dans une si étroite prison. « Si j'ai souffert, lui dit-elle, j'en suis dédommagée par ce que vous avez fait pour moi, et par le plaisir que je sens à me voir en sûreté. »

L'appartement de Ganem, tout richement meublé qu'il était, attira moins les regards de la dame, que la taille et la bonne mine de son libérateur, dont la politesse et les manières engageantes lui inspirèrent une vive reconnaissance. Elle s'assit sur un sofa ; et pour commencer à faire connaître au marchand combien elle était sensible au service qu'elle en avait reçu, elle ôta son voile. Ganem, de son côté, sentit toute la grâce qu'une dame si aimable lui faisait de se montrer à lui le visage découvert, ou plutôt il sentit qu'il avait déjà pour elle une passion violente.

Quelque obligation qu'elle lui eût, il se crut trop récompensé par une faveur si précieuse.

La dame pénétra les sentimens de Ganem, et n'en fut pas alarmée, parce qu'il paraissait fort respectueux. Comme il jugea qu'elle avait besoin de manger, et ne voulant charger personne que luimême du soin de régaler une hôtesse si charmante, il sortit suivi d'un esclave, et alla chez un traiteur ordonner un repas. De chez le traiteur il passa chez un fruitier, où il choisit les plus beaux et les meilleurs fruits. Il fit aussi provision d'excellent vin, et du même pain qu'on mangeait au palais du calife.

Dès qu'il fut de retour chez lui, il dressa, de sa propre main une pyramide de tous les fruits qu'il avait achetés; et les servant lui-même à la dame dans un bassin de porcelaine très-fine: « Madame, lui dit-il, en attendant un repas plus solide et plus digne de vous, choisissez, de grâce, prenez quelques-uns de ces fruits. » Il voulait demeurer debout, mais elle lui dit qu'elle ne toucherait à rien qu'il ne fût assis, et qu'il né mangeât avec elle. Il obéit; et après qu'ils eurent mangé quelques morceaux, Ganem, remarquant que le voile de la dame, qu'elle avait mis auprès d'elle sur le sofa, avait le bord brodé d'une écriture en or, lui demanda de voir cette broderie. La dame mit aussitôt la main sur le voile, et le lui présenta en lui demandant s'il savait lire. « Madame, répondit-il d'un air modeste, un marchand ferait mal ses affaires s'il ne savait au moins lire et écrire. » « Hé bien, reprit-elle, lisez les paroles qui sont écrites sur ce voile; aussi bien c'est une occasion pour moi de vous raconter mon histoire. »

Ganem prit le voile et lut ces mots : « Je « suis à vous, et vous êtes à moi, ô des- « cendant de l'oncle du prophète! Ce descendant de l'oncle du prophète était le calife Haroun Alraschid, qui régnait alors, et qui descendait d'Abbas, oncle de Mahomet.

Quand Ganem eut compris le sens de ces paroles : « Ah! Madame, s'écria-t-il tristement; je viens de vous donner la vie, et voilà une écriture qui me donne la mort! Je n'en comprends pas tout le mystère; mais elle ne me fait que trop connaître que je suis le plus malheureux de tous les hommes. Pardonnez-moi, Madame, la liberté que je prends de vous le dire. Je n'ai pu vous voir sans vous donner mon cœur; vous n'ignorez pas vous-même qu'il n'a pas été en mon pouvoir de vous le refuser; et c'est ce qui rend excusable ma témérité. Je me proposais de toucher le vôtre par mes respects, mes soins, mes complaisances, mes assiduités, mes soumissions, par ma constance; et à peine j'ai conçu ce dessein flatteur, que me voilà déchu de toutes mes espérances. Je ne réponds pas de soutenir long-temps un si grand malheur. Mais quoi qu'il en puisse être, j'aurai la consolation de mourir tout à vous. Achevez, Madame, je vous en conjure, achevez de me donner un entier éclaircissement sur ma triste destinée. »

Il ne put prononcer ces paroles sans répandre quelques larmes. La dame en fut touchée. Bien loin de se plaindre de la déclaration qu'elle venait d'entendre, elle en sentit une joie secrète; car son cœur commençait à se laisser surprendre.

Elle dissimula toutefois ; et comme si elle n'eût pas fait d'attention au discours de Ganem : « Je me serais bien gardée, lui répondit-elle, de vous montrer mon voile, si j'eusse cru qu'il dût vous causer tant de déplaisir; et je ne vois pas que les choses que j'ai à vous dire doivent rendre votre sort si déplorable que vous vous l'imaginez. Vous saurez donc, poursuivit-elle, pour vous apprendre mon histoire, que je me nomme Tourmente : nom qui me fut donné au moment de ma naissance, à cause que l'on jugea que ma vue causerait un jour bien des maux. Il ne vous doit pas être inconnu, puisqu'il n'y a personne dans Bagdad qui ne sache que le calife Haroun Alraschid, mon souverain maître et le vôtre, a une favorite qui s'appelle ainsi. On m'amena dans son palais dès mes plus tendres années, et j'ai été élevée avec tout le soin que l'on a coutume d'avoir des personnes de mon sexe destinées à y demeurer. Je ne réussis pas mal dans tout ce qu'on prit la peine de m'enseigner ; et cela, joint à quelques traits de beauté, m'attira l'amitié du calife, qui me donna un appartement particulier auprès du sien. Ce prince n'en demeura pas à cette distinction, il nomma vingt femmes pour me servir, avec autant d'eunuques; et depuis ce temps-là il m'a fait des présens si considérables, que je me suis vue plus riche qu'aucune Reine qu'il y ait au monde. Vous jugez bien par-là que Zobéide, femme et parente du calife, n'a pu voir mon bonheur sans en être jalouse. Quoique Haroun ait pour elle toutes les considérations imaginables, elle a cherché toutes les occasions possibles de me perdre. Jusqu'à présent je m'étais assez bien garantie de ses piéges ; mais enfin j'ai succombé au dernier effort de la jalousie, et, sans vous, je serais, à l'heure qu'il est, dans l'attente d'une mort inévitable. Je ne doute pas qu'elle n'ait corrompu une de mes esclaves, qui me présenta hier au soir, dans de la limonade, une drogue qui cause un assoupissement si grand, qu'il est aisé de disposer de ceux à qui l'on en fait prendre; et cet assoupissement est tel, que pendant sept ou huit heures, rien n'est capable de le dissiper.

J'ai d'autant plus de sujet de faire ce jugement, que j'ai le sommeil naturellement très-léger, et que je m'éveille au moindre bruit. Zobéide, pour exécuter son mauvais dessein, a pris le temps de l'absence du calife, qui, depuis peu de jours, est allé se mettre à la tête de ses troupes, pour punir l'audace de quelques Rois, ses voisins, qui sont ligués pour lui faire la guerre. Sans cette conjoncture, ma rivale, toute furieuse qu'elle est, n'aurait osé rien entreprendre contre ma vie. Je ne sais ce qu'elle fera pour dérober au calife la connaissance de cette action ; mais vous voyez que j'ai un très-grand intérêt que vous me gardiez le secret. Il y va de ma vie ; je ne serais pas en sûreté chez vous, tant que le calife sera hors de Bagdad. Vous êtes intéressé vous-même à tenir mon aventure secrète ; car si Zobéide apprenait l'obligation que je vous ai, elle vous punirait vous-même de m'avoir conservée. Au retour du calife, j'aurai moins de mesures à garder. Je trouverai moyen de l'instruire de tout ce qui s'est passé, et je suis persuadée qu'il sera plus empressé que moi-même à reconnaître un service qui me rend à son amour. »

Aussitôt que la belle favorite d'Haroun Alraschid eut cessé de parler, Ganem prit la parole : « Madame, lui dit-il, je vous rends mille grâces de m'avoir donné l'éclaircissement que j'ai pris la liberté de vous demander, et je vous supplie de croire que vous êtes ici en sûreté. Les sentimens que vous m'avez inspirés vous répondent de ma discrétion. Pour celle de mes esclaves, j'avoue qu'il faut s'en défier. Ils pourraient manquer à la fidélité qu'ils me doivent, s'ils savaient par quel hasard et dans quel lieu j'ai eu le bonheur de vous rencontrer. Mais c'est ce qu'il leur est impossible de deviner. J'oserai même vous assurer qu'ils n'auront pas la moindre curiosité de s'en informer. Il est si naturel aux jeunes gens de chercher de belles esclaves, qu'ils ne seront nullement surpris de vous voir ici, dans l'opinion qu'ils auront que vous en êtes une, et que je vous ai achetée. Ils croiront encore que j'ai eu mes raisons pour vous amener chez moi de la manière qu'ils l'ont vu : ayez donc l'esprit en repos là-dessus, et soyez sûre que vous serez servie avec tout le respect qui est dû à la favorite d'un monarque aussi grand que le nôtre. Mais quelle que soit la grandeur qui l'environne, permettez-moi de vous déclarer, Madame, que rien ne sera capable de me faire révoquer le don que je vous ai fait de mon cœur. Je sais bien, et je n'oublierai jamais « que ce qui appartient au « maître est défendu à l'esclave. » Mais je vous aimais avant que vous m'eussiez appris que votre foi était engagée au calife ; il ne dépend pas de moi de vaincre une passion qui, quoiqu'encore naissante, a toute la force d'un amour fortifié par une parfaite réciprocité. Je souhaite que votre auguste et trop heureux amant vous venge de la malignité de Zobéide, en vous rappelant auprès de lui; et quand vous vous verrez rendue à ses souhaits, que vous vous souveniez de l'infortuné Ganem, qui n'est pas moins votre conquête que le calife. Tout puissant qu'il est, ce prince, si vous n'êtes sensible qu'à la tendresse, je me flatte qu'il ne m'effacera point de votre souvenir. Il ne peut vous aimer avec plus d'ardeur que je vous aime ; et je n e cesserai point de brûler pour vous, en quelque lieu du monde que j'aille expirer après vous avoir perdue. »

Tourmente s'aperçut que Ganem était pénétré de la plus vive douleur; elle en fut attendrie ; mais voyant l'embarras où elle allait se jeter en continuant la conversation sur cette matière, qui pouvait insensiblement la conduire à faire paraître le penchant qu'elle se sentait pour lui : « Je vois bien, lui dit-elle, que ce discours vous fait trop de peine; laissons-le, et parlons de l'obligation infinie que je vous ai. Je ne puis assez vous exprimer ma joie, quand je songe que sans votre secours je serais privée de la lumière du jour. »

Heureusement pour l'un et pour l'autre, on frappa à la porte en ce moment. Ganem se leva pour aller voir ce que ce pouvait être, et il se trouva que c'était un des esclaves, pour lui annoncer l'arrivée du traiteur. Ganem, qui, pour plus grande précaution, ne voulait pas que les esclaves entrassent dans la chambre où était Tourmente, alla prendre ce que le traiteur avait apprêté, et le servit lui-même à sa belle hôtesse, qui, dans le fond de son ame, était ravie des soins qu'il avait pour elle.

Après le repas, Ganem desservit comme il avait servi; et quand il eut remis toutes choses à la porte de la chambre entre les mains de ses esclaves : « Madame, dit-il à Tourmente, vous serez peut-être bien aise de reposer présentement. Je vous laisse, et quand vous aurez pris quelque repos, vous me verrez prêt à recevoir vos ordres. » En achevant ces paroles, il sortit et alla acheter deux femmes esclaves, il acheta aussi deux paquets, l'un de linge fin, et l'autre de tout ce qui peut composer une toilette digne de la favorite du calife. Il mena chez lui les deux esclaves, et les présentant à Tourmente : « Madame, lui dit-il, une personne comme vous a besoin de deux filles au moins pour la servir; trouvez bon que je vous donne celles-ci. »

Tourmente admira l'attention de Ganem; « Seigneur, lui dit-elle, je vois bien que vous n'êtes pas homme à faire les choses à demi. Vous augmentez, par vos manières, l'obligation que je vous ai ; mais j'espère que je ne mourrai pas ingrate, et que le Ciel me mettra bientôt en état de reconnaître toutes vos actions généreuses. »

Quand les femmes esclaves se furent retirées dans une chambre voisine où le jeune marchand les envoya, il s'assit sur le sofa où était Tourmente, mais à certaine distance d'elle, pour lui marquer plus de respect. Il remit l'entretien sur sa passion, et dit des choses très-touchantes sur les obtacles invincibles qui lui ôtaient toute espérance. « Je n'ose même espérer, disait-il, d'exciter par ma tendresse, le moindre mouvement de sensibilité dans un cœur comme le vôtre, destiné au plus puissant prince du monde. Hélas ! dans mon malheur, ce serait une consolation pour moi, si je pouvais me flatter que vous n'avez pu voir avec indifférence l'excès de mon amour ! « « Seigneur, lui répondit Tourmente.... » « Ah ! Madame, interrompit Ganem à ce mot de Seigneur ; c'est pour la seconde fois que vous me faites l'honneur de me traiter de Seigneur! La présence des femmes esclaves m'a empêché la première fois de vous dire ce que j'en pensais ; au nom de Dieu, Madame, ne me donnez point ce titre d'honneur : il ne me convient pas. Traitez-moi, de grâce, comme votre esclave : je le suis, et je ne cesserai de l'être. »

« Non, non, interrompit Tourmente à son tour, je me garderai bien de traiter ainsi un homme à qui je dois la vie. Je serais une ingrate, si je disais ou si je faisais quelque chose qui ne vous convînt pas. Laissez-moi donc suivre les mouvemens de ma reconnaissance, et n'exigez pas, pour prix de vos bienfaits, que j'en use malhonnêtement avec vous. C'est ce que je ne ferai jamais. Je suis trop touchée de votre conduite respectueuse, pour en abuser, et je vous avouerai que je ne vois point d'un œil indifférent tous les soins que vous prenez. Je ne vous en puis dire davantage : vous savez les raisons qui me condamnent au silence. »

Ganem fut enchanté de cette déclaration : il en pleura de joie, et ne pouvant trouver de termes assez forts à son gré pour remercier Tourmente, il se contenta de lui dire que si elle savait bien ce qu'elle devait au calife, il n'ignorait pas de son côté *que ce qui appartient au maître est defendu à l'esclave.*

Comme il s'aperçut que la nuit approchait, il se leva pour aller chercher de la lumière. Il en apporta lui-même, et de quoi faire la collation, selon l'usage ordinaire de la ville de Bagdad, où, après avoir fait un bon repas à midi, on passe la soirée à manger quelques fruits et à boire du vin, en s'entretenant agréablement jusqu'à l'heure de se retirer.

Ils se mirent tous deux à table. D'abord ils se firent des complimens sur les fruits qu'ils se présentaient l'un à l'autre. Insensiblement l'excellence du vin les engagea tous deux à boire ; et ils n'eurent pas plutôt bu deux ou trois coups, qu'ils se firent une loi de ne plus boire sans chanter quelque air auparavant. Ganem chantait des vers qu'il composait sur-le-champ, et qui exprimaient la force de sa passion, et Tourmente, animée par son exemple, composait et chantait aussi des chansons qui avaient du rapport à son aventure, et dans lesquelles il y avait toujours quelque chose que Ganem pouvait expliquer favorablement pour lui. A cela près, la fidélité qu'elle devait au calife y fut exactement gardée. La collation dura fort longtemps. La nuit était déjà fort avancée, qu'ils ne songeait point encore à se séparer. Ganem toutefois se retira dans un autre appartement, et laissa Tourmente dans celui où elle était, où les femmes esclaves qu'il avait achetées entrèrent pour la servir.

Ils vécurent ensemble de cette manière pendant plusieurs jours. Le jeune marchand ne sortait que pour des affaires de la dernière importance; encore prenait-il le temps que sa dame reposait: car il ne pouvait se résoudre à perdre un seul des mouvemens qu'il lui était permis de passer auprès d'elle. Il n'était occupé que de sa chère Tourmente, qui, de son côté, entraînée par son penchant, lui avoua qu'elle n'avait pas moins d'amour pour lui qu'il en avait pour elle. Cependant, quelque épris qu'ils fussent l'un de l'autre, la considération du calife eut le pouvoir de les retenir dans les bornes qu'elle exigeait d'eux ; ce qui rendait leur passion plus vive.

Tandis que Tourmente, arrachée, pour ainsi dire, des mains de la mort, passait si agréablement le temps chez Ganem, Zobéide n'était pas sans embarras au palais d'Haroun Alraschid.

Les trois esclaves, ministres de sa vengeance, n'eurent pas plutôt enlevé le coffre, sans savoir ce qu'il y avait dedans, ni même sans avoir la moindre curiosité de l'apprendre, comme gens accoutumés à exécuter aveuglément ses ordres, qu'elle devint la proie d'une cruelle inquiétude. Mille importunes réflexions vinrent troubler son repos. Elle ne put goûter un moment la douceur du sommeil ; elle passa la nuit à rêver aux moyens de cacher son crime. « Mon époux, disait-elle, aime Tourmente plus qu'il n'a jamais aimé aucune de ses favorites. Que lui répondrai-je à son retour, lorsqu'il me demandera de ses nouvelles ? » Il lui vint dans l'esprit plusieurs stratagèmes ; mais elle n'en était pas contente : elle y trouvait toujours des difficultés, et elle ne savait à quoi se déterminer. Elle avait auprès d'elle une vieille dame qui l'avait élevée dès sa plus tendre enfance ; elle la fit venir dès la pointe du jour, et après lui avoir fait confidence de son secret : « Ma bonne mère, lui dit-elle, vous m'avez toujours aidée de vos bons conseils ; si jamais j'en ai eu besoin, c'est dans cette occasion-ci, où il s'agit de calmer mon esprit, qu'un trouble mortel agite, de me donner un moyen de contenter le calife. »

« Ma chère maîtresse, répondit la vieille dame, il eut beaucoup mieux valu ne vous pas mettre dans l'embarras où vous êtes ; mais comme c'est une affaire faite, il n'en faut plus parler. Il ne faut songer qu'au moyen de tromper le Commandeur des croyans, et je suis d'avis que vous fassiez tailler en diligence une pièce de bois en forme de cadavre ; nous l'envelopperons de vieux linges, et après l'avoir enfermée dans une bière, nous la ferons enterrer dans quelque endroit du palais ; ensuite, sans perdre de temps, vous ferez bâtir un mausolée de marbre en dôme sur le lieu de la sépulture, et dresser une représentation que vous ferez couvrir d'un drap noir, et accompagner de grands chandeliers et de gros cierges à l'entour. Il y a encore une chose, poursuivit la vieille dame, qu'il est bon de ne pas oublier : il faudra que vous preniez le deuil, et que vous le fassiez prendre à vos femmes, aussi bien qu'à celles de Tourmente, à vos eunuques, et enfin à tous les officiers du palais. Quand le calife sera de retour, qu'il verra tout son palais en deuil, et vous-même, il ne manquera pas d'en demander le sujet. Alors vous aurez lieu de vous en faire un mérite auprès de lui, en disant que c'est à sa considération que vous avez voulu rendre les derniers devoirs à Tourmente, qu'une mort subite a enlevée. Vous lui direz que vous avez fait bâtir un mausolée, et qu'enfin vous avez fait à sa favorite tous les honneurs qu'il lui aurait rendus lui-même, s'il avait été présent. Comme sa passion pour elle a été extrême, il ira sans doute répandre des larmes sur son tombeau. Peut-être aussi, ajouta la vieille, ne croira-t-il point qu'elle soit morte effectivement ? il pourra vous soupçonner de l'avoir chassée du palais par jalousie, et regarder tout ce deuil comme un artifice pour le tromper et l'empêcher de la faire chercher. Il est à croire qu'il fera déterrer et ouvrir la bière ; il est sûr qu'il sera persuadé de sa mort, sitôt qu'il verra la figure d'un mort enseveli. Il vous saura bon gré de tout ce que vous aurez fait ; il vous en témoignera de la reconnaissance. Quant à la pièce de bois, je me charge de la faire tailler moi-même par un charpentier de la ville, qui ne saura pas l'usage qu'on en veut faire. Pour vous, Madame, ordonnez à cette femme de Tourmente, qui lui présenta hier la limonade, d'annoncer à ses compagnes qu'elle vient de trouver leur maîtresse morte dans son lit ; et afin qu'elles ne songent qu'à la pleurer sans vouloir entrer dans sa chambre, qu'elle ajoute qu'elle vous en a donné avis, et que vous avez donné déjà ordre à Mesrour de la faire ensevelir et enterrer. »

D'abord que la vieille dame eut achevé

de parler, Zobéide tira un riche diamant de sa cassette, et le lui mettant au doigt et l'embrassant : « Ah! ma bonne mère, lui dit-elle toute transportée de joie, que je vous ai d'obligation! Je ne me serais jamais avisée d'un expédient si ingénieux. Il ne peut manquer de réussir, et je sens que je commence à reprendre ma tranquillité. Je me remets donc sur vous du soin de la pièce de bois, et je vais donner ordre au reste. »

La pièce de bois fut préparée avec toute la diligence que Zobéide pouvait souhaiter, et portée ensuite par la vieille dame même à la chambre de Tourmente, où elle l'ensevelit comme un mort, et la mit dans une bière; puis Mesrour, qui fut trompé lui-même, fit enlever la bière et le fantôme de Tourmente, que l'on enterra avec les cérémonies accoutumées dans l'endroit que Zobéide avait marqué, et aux pleurs que versaient les femmes de la favorite, dont celle qui avait présenté la limonade encourageait les autres par ses cris et ses lamentations.

Dès le même jour, Zobéide fit venir

l'architecte du palais et des autres maisons du calife; et sur les ordres qu'elle lui donna, le mausolée fut achevé en très-peu de temps. Des princesses aussi puissantes que l'était l'épouse d'un prince qui commandait du levant au couchant, sont toujours obéies à point nommé dans l'exécution de leurs volontés. Elle eut aussi bientôt pris le deuil avec toute sa Cour; ce qui fut cause que la nouvelle de la mort de Tourmente se répandit dans toute la ville.

Ganem fut des derniers à l'apprendre; car, comme je l'ai déjà dit, il ne sortait presque point. Il l'apprit pourtant un jour. « Madame, dit-il à la belle favorite du calife, on vous croit morte dans Bagdad, et je ne doute pas que Zobéïde elle-même n'en soit bien persuadée. Je bénis le Ciel d'être la cause et l'heureux témoin que vous vivez. Et plût à Dieu que, profitant de ce faux bruit, vous voulussiez lier votre sort au mien, et venir avec moi loin d'ici régner sur mon cœur! Mais où m'emporte un transport trop doux? Je ne songe pas que vous êtes née pour faire le bonheur du plus puissant prince de la terre, et que le seul Haroun Alraschid est digne de vous. Quand même vous seriez capable de me le sacrifier, quand vous voudriez me suivre, devrais-je y consentir? Non, je dois me souvenir sans cesse *que ce qui appartient au maître est défendu à l'esclave.*

L'aimable Tourmente, quoique sensible aux tendres mouvemens qu'il faisait paraître, gagnait sur elle de n'y pas répondre. « Seigneur, lui dit-elle, nous ne pouvons empêcher Zobéide de triompher. Je suis peu surprise de l'artifice dont elle se sert pour couvrir son crime : mais laissons-la faire; je me flatte que ce triomphe sera bientôt suivi de la douleur. Le calife reviendra, et nous trouverons moyen de l'informer secrètement de tout ce qui s'est passé. Cependant prenons plus de précautions que jamais, pour qu'elle ne puisse apprendre que je vis; je vous en ai déjà dit les conséquences.

Au bout de trois mois, le calife revint à Bagdad, glorieux et vainqueur de tous ses ennemis. Impatient de revoir Tourmente et de lui faire hommage de ses nouveaux lauriers, il entre dans son palais. Il est étonné de voir les officiers qu'il y avait laissés, tous habillés de deuil. Il en frémit sans savoir pourquoi; et son émotion redoubla, lorsqu'en arrivant à l'appartement de Zobéide, il aperçut cette princesse qui venait au-devant de lui en deuil, aussi bien que toutes les femmes de sa suite. Il lui demanda d'abord le sujet de ce deuil avec beaucoup d'indignation. « Commandeur des croyans, répondit Zobéide, je l'ai pris pour Tourmente, votre esclave, qui est morte si promptement, qu'il n'a pas été possible d'apporter aucun remède à son mal. » Elle voulut poursuivre; mais le calife ne lui en donna pas le temps. Il fut si saisi de cette nouvelle, qu'il en poussa un grand cri; ensuite il s'évanouit entre les bras de Giafar, son visir, dont il était accompagné. Il revint pourtant bientôt de sa faiblesse; et d'une voix qui marquait son extrême douleur, il demanda où sa chère Tourmente avait été enterrée. « Seigneur, lui dit Zobéide, j'ai pris soin moi-même de ses funérailles, et je n'ai rien épargné pour les rendre superbes. J'ai fait bâtir un mausolée de marbre sur le lieu de sa sépulture. Je vais vous y conduire si vous le souhaitez. »

Le calife ne voulut pas que Zobéide prît cette peine, et se contenta de s'y faire mener par Mesrour. Il y alla dans l'état où il était, c'est-à-dire en habit de campagne. Quand il vit la représentation couverte d'un drap noir, les cierges allumés tout autour, et la magnificence du mausolée, il s'étonna que Zobéide eût fait les obsèques de sa rivale avec tant de pompe; et comme il était naturellement soupçonneux, il se défia de la générosité de sa femme, et pensa que sa maîtresse pouvait n'être pas morte; que Zobéide, profitant de sa longue absence, l'avait peut-être chassée du palais, avec ordre à ceux qu'elle avait chargés de sa conduite, de la mener si loin, que l'on n'entendît jamais parler d'elle. Il n'eut pas d'autre soupçon; car il ne croyait pas Zobéide assez méchante pour avoir attenté à la vie de sa favorite.

Pour s'éclaircir par lui-même de la vérité, ce prince commanda qu'on ôtât la représentation, et fit ouvrir la fosse et la bière en sa présence; mais dès qu'il eut vu le linge qui enveloppait la pièce de bois, il n'osa passer outre. Ce religieux calife craignit d'offenser la religion en permettant que l'on touchât au corps de la défunte; et cette scrupuleuse crainte l'emporta sur l'amour et sur la curiosité. Il ne douta plus de la mort de Tourmente. Il fit refermer la bière, remplir la fosse, et remettre la représentation en l'état où elle était auparavant.

FIN DU SIXIÈME VOLUME.

TABLE

DU TOME SIXIÈME.

Histoire de Noureddin et de la belle Persienne. Pag.   5
Histoire de Beder, prince de Perse, et de Giauhare, princesse du royaume de Samandal...... 124
Histoire de Ganem, fils d'Abou Aibou, l'Esclave d'amour................................. 276

Fin de la Table du sixième volume.

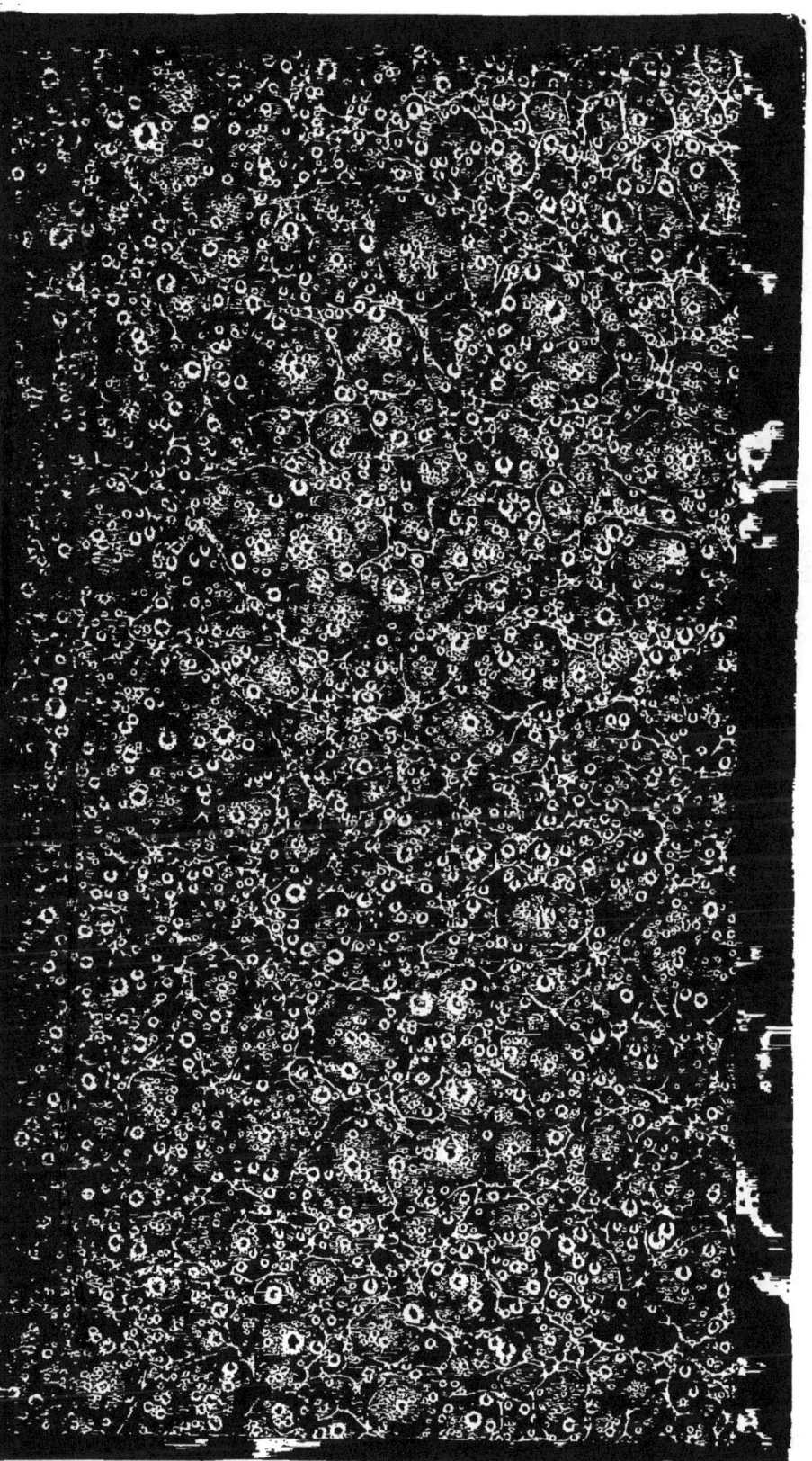

www.ingramcontent.com/pod-product-compliance
Lightning Source LLC
Chambersburg PA
CBHW062009180426
43199CB00034B/1796